Los Díalogos del Cuerpo
Un Enfoque Holístico de la Salud y la Enfermedad
© Adriana Schnake, 1995
© Editorial Cuatro Vientos, Santiago de Chile, 1995

Derechos reservados para todos los países de habla hispana.

Registro de Propiedad Intelectual N° 92.456
ISBN: 978-956-242-026-6

1ª edición, 1995
1ª reimpresión, 1996
2ª reimpresión, 1998
3ª reimpresión, 1999
4ª reimpresión, 2000
5ª reimpresión, 2001
6ª reimpresión, 2003
7ª reimpresión, 2005
8ª reimpresión, 2007
2ª edición, 2008
9ª reimpresión, 2010
10ª reimpresión, 2014
11ª reimpresión, 2015

Ilustración de portada: Acrílico de Edgardo Neira
Fotografía de portada: Rolando Pihan
Diseño de portada: Josefina Olivos
Diagramación: Héctor Peña

Editorial Cuatro Vientos
Maturana 19, CP 8340608, Santiago de Chile
Teléfonos: 22672 9226 – 22695 4477
editorial@cuatrovientos.cl
www.cuatrovientos.cl

La fotocopia mata el libro. No fomentes la muerte del libro.

Los diálogos del cuerpo

◆

Un enfoque holístico de la salud y la enfermedad

Adriana Schnake

Cuatro Vientos Editorial

Índice

A los que durante los últimos 20 años han estado cerca de mí: aquellos que se consideran mis discípulos y que yo he vivido como compañeros de exploración y de búsqueda; aquellos que, cuando muchos valores parecían derrumbarse, sólo querían una mano amiga, fe y solidaridad para caminar hacia un futuro, y me han hecho el hermoso regalo de su propia creatividad y su avasalladora fuerza vital.

A mis hijos, que están desde el principio.

Agradecimientos

En primer lugar, mi profundo y definitivo agradecimiento a mi amiga Norma Osnajanski, quien se tomó el trabajo de leer y corregir este manuscrito y, más allá de eso, insistió y me estimuló para que publicara este libro. Mi agradecimiento por su paciencia, su buena disposición, su eficiencia y su amor.

A los grupos de estudio de los últimos años, con quienes hemos trabajado y puesto a prueba nuestras hipótesis. Especialmente a los grupos de estudio de Santiago (Chile) y Mendoza (Argentina), que sistemáticamente han realizado trabajos en el tema del cual me ocupo en este libro.

Al Instituto Gestáltico de Córdoba (Argentina); a todos y cada uno de sus miembros, que han desarrollado una labor organizada, sistemática y responsable y de proyecciones respecto de la orientación gestáltica y el enfoque holístico de las enfermedades de acuerdo con lo que hemos explorado juntos en años anteriores. A todos ellos, a quienes nos encontró juntos el momento en que me tocó enfrentar una de las experiencias más definitivas y trascendentales de mi vida: la inesperada muerte de nuestra querida Alicia, que pareció haberme esperado para

ix

cerrar la gestalt de este lado de su existencia, tomada de mis manos.

A mi amiga Angeles Martín, que inició la gestalt en España, y cuyo tesón e interés fue el motor de la creación de la Asociación Española de Terapia Gestalt. Agradezco el interés con que ha seguido este trabajo con las enfermedades, y los seminarios que ha organizado y organiza sobre el tema.

A mi amiga Graciela Andaluz, que me impulsó a seguir explorando en gestalt por este camino de las enfermedades y los síntomas, y me alentó con su entusiasmo e interés, al venir con un numeroso grupo desde Canarias (España), a nuestro centro en Chiloé.

Al doctor Salomón Touson, que permanentemente ha colaborado conmigo en seminarios sobre el tema, realizados en Buenos Aires y Chiloé, y cuyo aporte y dedicación han sido en extremo valiosos.

A la Asociación Gestáltica de Buenos Aires, la primera Asociación gestáltica de habla hispana, que se formó para aunar esfuerzos y difundir esta orientación. Y que ha sobrevivido heroica y exitosamente a los avatares de una ciudad de 10 millones de habitantes, con una de las mayores densidades de psicólogos del mundo. A sus miembros, que en medio de todo siguen haciéndome un espacio y manteniendo un vínculo que se inició y se sostiene con amor.

Mi profundo agradecimiento a todos aquellos que han asistido a los grupos que he dirigido en Chiloé, Santiago, Buenos Aires, Córdoba, Madrid, Canarias, Barcelona y Sevilla, y mi inolvidable recuerdo a los brasileños y limeños, que fueron de los primeros.

A todos aquellos con quienes nos hemos mirado a los ojos, con profunda verdad y amor. Gracias una vez más por haber confiado y atreverse a buscar su verdad en ellos mismos y haberme permitido ser testigo de ello.

Y finalmente, lo que fue primero: mi agradecimiento a Francisco Huneeus, por poner en mis manos y en mi vida —y hacérnosla asequible a todos los latinoamericanos y españoles— la obra de Perls, traducida hermosamente. Gracias por su generosidad y el amor con que comparte lo que admira.

"Mi cuerpo es una Gestalt y está co-presente en toda Gestalt. Es una Gestalt también él, y de modo eminente, es significación pasada, es carne; el sistema que constituye se ordena alrededor de un eje central, de un gozne que es abertura a... posibilidad vinculada y no libre —y al mismo tiempo es componente de toda Gestalt."

MAURICE MERLEAU-PONTY[1]

---

[1] Lo visible y lo invisible, Ed. Seix Barral, Barcelona, 1966.

Prólogo

¡Cuánto hubiera deseado leer este libro en los comienzos de mi formación! Saber desde el inicio que el ser humano es *uno* e *indivisible*. ¡Cuánto más dichosos hubieran sido aquellos años!

Ahora, pensando en los jóvenes que, con su amor y sus ideales intactos, deciden abrazar una profesión que los capacite para mitigar el sufrimiento de quienes los rodean y que, según la carrera que elijan, se encontrarán en los textos con una versión des-almada o des-carnada del hombre, deseo fervientemente que este libro llegue a sus manos.

Es que, por lo general, la formación que reciben hoy los médicos y los psicólogos no es saludable ni para ellos mismos. Como dice Friedrich Weinreb, "quien rompe en otro la unidad, la rompe en sí mismo, porque el prójimo es un espejo en el cual uno se reconoce a sí mismo".

Goethe era contrario a dividir los fenómenos en una parte objetiva y otra subjetiva: temía que la naturaleza fuese destruida por la avalancha de la ciencia técnica. Su intento no tuvo ninguna influencia en su tiempo. Ahora, que conocemos el curso que ha seguido la ciencia y sus consecuencias en la salud del hombre y del planeta mismo, estamos en condiciones de comprender los temores de Goethe mejor que sus coetáneos y podemos recibir esperanzados propuestas integradoras como la de este libro.

La primera vez que vi a Nana trabajar con un paciente que presentaba síntomas orgánicos fue hace poco más de quince años. Yo participaba en un laboratorio y era una de mis primeras aproximaciones al enfoque gestáltico. Me maravilló observar la dedicación y el cuidado que ponía para alcanzar, junto con el paciente, un diagnóstico preciso; resultó ser apendicitis. Pero mayor fue mi admiración al ver cómo, aún tratándose de una patología tradicionalmente quirúrgica, continuaba el trabajo sin perder de vista el relato, los gestos, la historia y los afectos de esa persona triste y amedrentada. Esa persona, con todo lo que era, siempre estaba allí, presente. Nunca el diagnóstico se sobrepuso al individuo. Asistí, profundamente conmovido, a un proceso de integración en el que el hombre y su apéndice se completaron el uno con el otro. Y como por milagro, un ser cada vez más entero, cada vez más lleno de vida, fue surgiendo delante de mis propios ojos.

Mientras la medicina, limitada a los síntomas y a la enfermedad, continúa buscando *remedios* (es decir, *me*dios para *re*trotraer al enfermo a su estado anterior), esta médica no se aparta de su visión holística. Permanece permeable a todas las corrientes de pensamiento que abonan esta redefinición de la salud y así, en su comprensión de la persona que padece, están presentes desde Heidegger hasta Bohm y desde la poesía hasta la física más reciente. Desde allí, nos muestra que no sólo debemos abandonar la idea de curación como un volver a un estado anterior, sino que aún si lo lográramos, estaríamos desperdiciando la maravillosa oportunidad que nos ofrece la enfermedad para cambiar, para completarnos, para crecer, para ser más humanos, más armónicos con nosotros y con el mundo que nos rodea. En suma, para ser más felices.

Muchas veces pensé que sólo deberíamos adoptar un enfoque terapéutico si, además de ayudar al individuo, también demostraba ser útil para la humanidad. Desde el comienzo de este libro se presiente que aquí el tema de la salud y la enfermedad va más allá de la persona aislada. Resulta impactante comprobar que esta nueva comprensión del ser humano y de su organismo también nos abre nuevas puertas para comprender a nuestra sociedad y a nuestro mundo.

Nos encontramos, además, con un modelo de prevención que, a diferencia de los programas tradicionales, que con limitativos, nos devuelve el potencial sanador con el que estamos naturalmente dotados. Es una propuesta enriquecedora, que nos ayuda a confiar en la sabiduría de nuestro cuerpo y en las posibilidades del diálogo.

Perls decía que si se trabajaran todas las partes de un sueño, ésa sería toda la terapia que una persona podría necesitar. Ahora tengo la impresión de que si mantuviéramos un diálogo con cada uno de nuestros órganos, sistemas, tejidos y secreciones, hallaríamos toda la sabiduría que la humanidad puede anhelar.

¿Cómo transmitir un modo de aproximarnos a la persona que sufre? ¿Cómo hacer comprender algo tan vasto, tan inasible, algo que implica a la vez un modo de ver y un modo de ser? Tremendo desafío. Lao Tsé decía: "El Tao que se puede describir no es el verdadero Tao". Sin embargo, en tanto de lo que se trata es de ver al ser humano en su totalidad, Nana se aventura a mostrarlo mostrándonos su propia totalidad.

Con inmensa generosidad, esta mujer se mantiene consecuente consigo misma y no predica sus verdades: las muestra. Nos permite asomarnos a su quehacer y a su vida. Y en ese clima, en esa atmósfera que se crea con su lenguaje llano y directo, seguimos atentos las vicisitudes de una existencia apasionante. Repasamos los tramos quizá más significativos de la historia de la medicina y de la psicología, de la mano de quien no ha desestimado el valor de la intuición como instrumento para comprender al hombre y al mundo en el que vive. Nos pondremos serios para seguir las palabras de los filósofos, y nos sorprenderemos conmovidos ante el desenlace de un caso. Repentinamente, nos encontramos sumergidos en sus relatos como si la estuviéramos escuchando, como si ella estuviera aquí. Son relatos que nos atrapan y nos conmueven, porque parecen resonar en algún rincón de nosotros mismos. Algún lugar que teníamos postergado.

En la medida en que transitemos estas páginas dispuestos a que algo verdadero ocurra dentro de nosotros, nos encontraremos, cuando menos con la certeza de que es posible comprender a la persona como una unidad en la que ninguna parte es central o primordial. También comprobaremos que nuestra mirada habrá cambiado, que esa posibilidad también estaba en nosotros.

Como vemos, lejos de ser producto de especulaciones teóricas, este libro está construido sobre la experiencia personal: décadas de trabajo comprometido en el difícil arte de estar con el que sufre, asistiendo a miles de personas. Personas como esas mujeres que dialogando con su útero o sus ovarios encontraron la fertilidad que las convirtió en madres dichosas. Personas como esos hombres que en el lugar de su angina de pecho descubrieron una nueva capacidad de amar. Personas, en fin, como todos aquellos que se acercaron a esta psiquiatra chilena abrumados por sus conflictos personales al punto que no registraban los malestares que estaban deteriorando su cuerpo y descubrieron que sus órganos quejumbrosos no sólo tenían la respuesta a sus dilemas, sino que además podían ser fuente de satisfacciones.

Es en estos momentos cuando pienso que quizás este prólogo debería haberse confiado a ellos, a los pacientes, a los que han sido protagonistas de este increíble paso que va de padecer a ser, de la enfermedad a la salud. Entiendo que es imposible concitar a tamaña multitud. Pero puedo ponerme en el lugar de todos ellos y darme cuenta de que desearían que se hable también de los abrazos, de las lágrimas emocionadas y de todo el amor que vivieron cuando se reencontraron con la maravilla de su cuerpo. Sobre todo, tengo la certeza de que desearían que no falten aquí estas sentidas palabras: *gracias, muchas gracias, Nana.*

Salomón Touson
Buenos Aires, marzo de 1995

La razón de que tenga grandes moles-
tias es porque
tengo un cuerpo...
A quien valoriza al mundo tanto como
a su cuerpo
puede confiársele el Imperio.
A quien ama al mundo tanto como a
su cuerpo
puede confiársele el Imperio.
(TAO TE KING, 13)

Introducción

"Realidad es aquello que tomamos por cierto. Lo que tomamos por cierto es aquello en que creemos. Nuestras creencias se basan en nuestras percepciones. Lo que percibimos depende de lo que tratamos de ver. Lo que tratamos de ver depende de lo que pensamos. Lo que pensamos depende de lo que percibimos. Lo que percibimos depende de lo que creemos. Lo que creemos determina, a su vez, lo que tomamos por verdad. Y lo que tomamos por verdad es nuestra realidad".

GARY ZUKAV

Paso a paso, el hombre va encontrando posibles o certeras explicaciones sobre cómo funcionan el mundo y los demás hombres, qué explica que las estrellas no se caigan, que las plantas busquen el sol, que los océanos se contengan... Unos pocos seres humanos van accediendo a esta información. Y en la medida en que nuevas explicaciones surgen, nuevos modos de enfrentar el mundo aparecen; o bien antiquísimas y misteriosas situaciones se hacen comprensibles.

Los pocos, poquísimos hombres que de un modo u otro transmiten esa información a la humanidad son los científicos, los sabios, los místicos. El resto, la inmensa mayoría de los humanos, *cree*.

1

Tenemos una ilimitada capacidad de confiar y creer en lo que nos enseñan los que "saben"; esto constituye nuestra mayor reserva de vida y felicidad. De chicos, creemos sólo a los que amamos y nos aman; después empezamos a jerarquizar *el valor de la información*. Los que nos aman tratan de enseñarnos con amor; eso los hace transmitirnos con seguridad sólo aquello en lo que ellos creen de verdad. Esto es, aquellas explicaciones que ellos mismos han comprendido o a las que han tenido acceso.

¿Qué pasó con nuestra generación, la de los jóvenes e impetuosos de los años 60, que abrimos nuestra mente y nuestra capacidad de volar y fantasear como pocas veces se había visto? ¿Es que acaso las drogas alucinógenas no sirvieron ni siquiera para darnos cuenta de que el mundo que nos rodeaba tenía otras dimensiones, posibilidades o tiempos? ¿Es que acaso los científicos de nuestra generación —horrorizados con los desastres a que podían llevar sus descubrimientos— dejaron de hablar idiomas humanos? ¿Es que la angustia que invadió al mundo nos llevó a un *hacer* desenfrenado e irreflexivo?

Miles de preguntas surgen ante esta realidad desoladora de la que somos parte y a la cual hemos contribuido a sostener. Hemos mantenido el engaño por casi noventa años. Hemos seguido adorando a una diosa que nos mostraba sólo una cara de la moneda, que nos tuvo de rodillas explorando y buscando más allá de lo posible en una única dirección, mientras hacía pálidas y tenues concesiones en la dirección opuesta. Una diosa que ha logrado sobrevivir y fortalecerse en este último tiempo, gracias a la misteriosa complicidad del hombre con aquello que lo trasciende.

Hasta ahora, por orgullosa y altiva que fuera la Diosa Ciencia, su mayor orgullo residía en su capacidad de cambiar y aceptar sus equivocaciones. Tal vez aquí reside nuestro drama: la cara de la moneda que hemos aceptado es válida y verdadera, sólo que no podemos saber en qué se sostiene si no vemos la otra cara. Y esta otra es difícil de ver; tal vez es como la cara de Dios.

Para creer en Dios hace falta fe. Y para creer en la información que casi desde principios de siglo nos ha estado llegando desde la física de partículas y desde la biología, hay dos caminos: convertirse en un especialista o creer en los portadores de la información.

Creer; de eso se trata. Y en medio de este caos, ¿a quién creerle?

Nuestros padres fueron capaces de hacernos creer en el mundo que ellos conocían y creían. Tal vez sin televisión, sin fax, sin computadoras ni teléfono celular —por mencionar sólo lo obvio y cotidiano—, era fácil admitir que el mundo es redondo y que todo tiene una causa. Muchos de nosotros hemos de haber hecho lo imposible por transmitirle a nuestros hijos aquello de la "relatividad". Y a medida que nos íbamos dando cuenta de cuánto costaba sacarnos una idea con la que habíamos crecido, era lógico que temiéramos las ideas cargadas de afecto y de creencias. Así fue como yo fui reduciendo aquello en lo que creía, incluso aquello que me habían enseñado como inamovible. Deseaba no invadir a mis hijos con ideas que les fueran ajenas y después no supieran cómo desalojar de sus cabezas, y me quedé sólo con algunas creencias básicas que me han ayudado a vivir.

Lo aprendido en la Escuela de Medicina llegó a mí como un conocimiento relativo, probable pero de ninguna manera absoluto. Me refiero a los procesos, que ocurrían dentro de un ser vivo, y a los que si quería observar, tenía que introducir algún cambio. Yo ya había aprendido aquello de que el observador altera lo observado. En cuanto a Anatomía y Fisiología, el conocimiento tuvo características más cercanas a lo absoluto: tal vez por la sopresa de que no hubiera diferencias en lo esencial de los seres humanos; tal vez por el afecto y credibilidad que me inspiraban los profesores de esos ramos.

Esas creencias básicas se fueron configurando lentamente a través del tiempo. En un principio, casi por ensayo y error fui separando la información que se me había entregado junto con una práctica o experiencia que parecía avalarla y que, sin embargo, era una mera suposición de quien me informaba, de mi profesor o guía. Por ejemplo, se me enseñó que el electroshock es un "tratamiento" para el delirio o la depresión grave con fuerte compulsión al suicidio, o para cualquier cuadro "inmanejable" en psiquiatría. Lo que no se me explicitó fue la diferencia entre *cura* y *tratamiento*. Porque reglas para "tratar" los malos comportamientos hay muchas: van desde las más suaves y comprensivas amonestaciones, hasta el fusilamiento o la silla eléctrica. Existen los psiquiatras que hacen electro-shocks en casos "muy indicados" y existen también los que no los hacen de ninguna manera, los que incluso tienen en claro que no es un "tratamiento" en el sentido médico que tiene esta palabra.

Cuando yo empecé a trabajar en el campo de la psiquiatría, hasta los psicoanalistas didácticos hacían electro-shocks en cantidades variables. Yo me negué, y resultó una paradoja que en ese mundo de hombres me beneficiara el hecho de ser mujer: mi jefe me relevó rápidamente de una exigencia que "no podía" cumplir.

En ése y otros temas, algo poderoso me afirmaba y me permitía mantener intacta mi incredulidad, aunque no contaba con explicaciones ni teorías *probadas* que me avalaran. Posiblemente ese "algo" era mi profunda admiración por Kierkegaard, y luego por Heidegger: sabía que ellos no me descalificarían por mi rebeldía. Es imposible tener una teoría acerca de todo, y yo era capaz de soportar la angustia que me producían las brutales contradicciones en las que me veía envuelta: sentía —mucho más que comprendía— lo poderoso del motor de esa angustia que, sin paralizarme, hacía surgir en mí una decisión que me conectaba con destrezas desconocidas. Las mismas que tan claramente expone Hubert Dreyfus (12) cuando, al hablar del fundamento mismo del enfoque heideggeriano, subraya la "fenomenología de destrezas cotidianas de encarar *sin mente*, como base de toda inteligibilidad".

Cuando me decían, en Clínica: "hay que pensar anatómica y fisiológicamente", yo tocaba a los pacientes como si mis manos pudieran sentir las estructuras que había debajo de ellos y sentir, también, el modo en que funcionaba aquel órgano o parte que tocaba. Lo que la persona me decía, o la actitud que mostraba, formaba parte de ese conjunto inseparable. Y ése fue mi primer descubrimiento: las personas hablaban de su enfermedad o de lo que les había pasado como si no fuera algo propio. Aportaban datos como si estuviéramos haciendo una investigación policial; sentían el dolor o la dificultad, pero sólo querían verse libres de aquello.

Seguramente este modo de expresarse que tienen los pacientes tiene que ver con el modo de interrogar, y el modo de interrogar tiene que ver con la necesidad de eficiencia, la exigencia asistencial, la extrema necesidad de ser asertivos cada vez que debemos tomar decisiones que incluyen a otros.

En aquella época —e incluso hoy— el discurso de aquellos que propiciaban tomar en cuenta la psiquis y la vida emocional de los pacientes, sonaba a una cháchara demagógica y bastante inútil. Y en algún sentido, lo era: cuanto más grave es su enfermedad, más prefieren saber los pacientes acerca de lo que les aqueja, en *términos médicos*. Sólo darán antecedentes de su vida afectiva si lo creen importante para esos fines. Así lo han percibido muchos médicos, y ello les permite ser todo lo omnipotentes que pueden desde esa percepción.

Querámoslo o no, el paciente es un informante, al cual los médicos observamos con toda atención para darnos cuenta de qué grado de credibilidad puede tener. Y la verdad es que es poca la credibilidad de alguien que está sosteniendo una batalla con una parte de sí mismo, con síntomas que lo agobian y de los cuales quiere verse libre. No es que ese informante mienta.

Sucede que no sabe ni cree que aquello que duele, o que se expresa de un modo tan inaceptable, es parte de sí mismo; eso que duele es simplemente una *enfermedad*.

Nunca está más carenciada una persona que cuando está enferma, en un hospital, y dependiendo del trato y afecto del otro. También es cierto que pocas veces está más cerca de saber quién es, despojada de su ego. Tal como dice Marguerite Yourcenar, en *Memorias de Adriano*: "es difícil seguir siendo emperador ante un médico y también es difícil guardar la calidad de hombre".

Al aumentar la sensación de impotencia y desvalimiento, los pacientes quedan reducidos a una casi total incapacidad de darse cuenta de que eso que duele o molesta es parte de ellos; esto los hace peores informantes y menos personas.

Tal vez todo el horror del maltrato a que puede ser sometido el cuerpo humano nos lleve finalmente a considerar que ese cuerpo que tenemos nos pertenece; no podemos pedirle a otros que lo traten mejor que lo que nosotros lo hacemos. Tampoco podemos seguir probando en el cuerpo todo aquello que la propaganda quiere vender, ni ocuparnos de ese cuerpo que somos como si fuera una máquina a la que se quiere tener brillante por fuera, bien aceitada y en buen funcionamiento, entendiendo que es "bueno" lo que responde a un chequeo estándar.

¿De qué se trata, entonces? ¿Cuál es la relación que puedo sostener con mi cuerpo y qué tiene que ver esto con mi idea del mundo, con mis creencias, con la fe?

Tal vez se trata de la relación que podemos sostener con cualquier amigo, para que no se enoje, ni sienta que abusamos de él. Podemos escucharlo y entenderlo, no tratarlo como a un desconocido al que se admira, elogia, detesta o, incluso, se odia. Es más: podemos verlo como un templo, en lugar de verlo como una prisión. Esto forma parte de una creencia, la única creencia que impregna este libro: *Así como en cualquier célula está la estructura genética total del individuo, en cada órgano hay una información total de la persona.* Este es el planteamiento básico, surgido del trabajo gestáltico mismo.

Y que posiblemente se relacionó con aquella ocasión en que por primera vez entré al pabellón de Anatomía y descubrí la extraordinaria belleza y pureza del cuerpo. En aquel momento no pude dejar de pensar que ahí, en ese cuerpo sin vida, había habitado un ser humano, ni evité sentir el desamparo de esa muerte solitaria que no había incluido ni un solo rito de despedida. Silenciosamente, a los pies de esa persona muerta, yo hice una plegaria para agradecerle que nos hubiera dejado su cuerpo para aprender. Me acompañaba mi amiga Ximena, cuyo padre, el doctor Enrique Solervicens, era profesor de Anatomía y director del Instituto de Anatomía de Concepción. El fue quien me transmitió reverencia por la vida y la belleza que veía en los órganos, cuyos vasos habían sido inyectados con sustancias especiales coloreadas, que les permitían mantener la forma.

¿Cómo temerle a esos órganos que me fueron presentados con tanto amor? Y años más tarde ¿cómo no permitir a esos órganos que hablaran, si en gestalt hacemos hablar a los muertos, a los objetos, a todo?

Así fue como empecé a incluir, en la tarea terapéutica cotidiana, el trabajo con los síntomas o las enfermedades que tenían las personas que asistían a los grupos. Partíamos de una idea en común: estábamos de acuerdo en que "algo" tenían que ver con su enfermedad los conflictos de esa persona. No separábamos al individuo en mente y cuerpo.

Poco poco, dentro de los grupos aumentó el número de personas con algún cuadro "orgánico". Muchas de ellas ya venían con una clara teoría psicológica acerca de la causa emocional responsable de su enfermedad. Y fue entonces cuando hice otro descubrimiento impactante: los terapeutas —médicos o psicólogos— le temían a las enfermedades y no se animaban a "hacer hablar" a las personas con el órgano afectado. No se atrevían a trabajar —como decimos en la jerga gestáltica— con síntomas o enfermedades que claramente mostraran un "sustrato orgánico". Mi amiga Graciela Andaluz —una de las mejores terapeutas gestálticas de España— me dijo entonces: "Sobre esto tienes que escribir y seguir enseñando". Ella, que es una médica con buena formación en medicina y psicología, me mostró cómo tampoco en gestalt se lograba considerar el posible mensaje de la enfermedad, de un modo diferente a lo que se podía ver en psicoanálisis.

Tanto los terapeutas como los pacientes mostraban grandes dificultades para describir sus órganos. Cuando se les proponía "ser" ese órgano, recurrían a los recuerdos; buscaban la información que tenían archivada en alguna parte. Y sucede que nuestra computadora es genial pero no mecánica; no archiva conocimientos que fueron adquiridos para el olvido, como diría Borges. Por el contrario, cuando no hacemos ningún esfuerzo por recordar —porque tal vez ni siquiera tenemos presente que lo aprendimos—, vamos a las profundidades de nosotros mismos y ahí encontramos respuestas insospechadas.

Para todos los que hemos venido trabajando con esta orientación, ha sido una sorpresa increíble percibir el grado de enajenación al que hemos sometido a nuestro propio cuerpo. Ni siquiera después de que se le diagnostica una enfermedad grave, la persona cree posible informarse por sí misma de lo que está ocurriendo en ella: *el médico es el único que sabe.* Sin embargo, el más elemental y antiguo principio de medicina nos enseña que los síntomas son avisos de que algo no está bien; pero nosotros no somos capaces ni siquiera de escuchar —y mucho menos, de entender— ese aviso. Hemos abandonado nuestro cuerpo a la escucha del otro, que nos ve como meros informantes, para colmo poco confiables.

Por fortuna, el cuerpo tiene un discurso asombrosamente parecido en todos los seres humanos. Discurso que se hace definitivamente personal e individual en el diálogo y el encuentro con el que se considera su "dueño". De eso, precisamente, trata este libro. De ese diálogo, de esas voces, del cuerpo y las enfermedades, las enfermedades y el cuerpo. El antes y el después. El enfoque biomédico y la curación cuántica, esotérica, mágica. De la "escucha" lacaniana a la "escucha" en el Aquí y Ahora gestáltico.

Da exactamente lo mismo por dónde se empiece a leer. No hay un desarrollo lineal de pensamiento; tampoco un desarrollo circular o hexagonal. Hay casos y cosas que suceden, que no fueron ordenados: están escritos del modo en que fueron apareciendo. Y aún así, esto no quiere decir que haya encontrado aún la manera de transmitir este enfoque que está fantásticamente ordenado, y sólo accede a cada uno de nosotros cuando nos dejamos llevar por el aparente caos.

Durante años compartí esta experiencia verbalmente. Ahora la entrego por escrito, para facilitar a aquellos que han participado de estas ideas, la práctica y la decisión de no ser más cómplices de la enajenación y división sistemática del ser humano.

En el rescate de la Tierra, tenemos que empezar por nosotros, y desde esta isla en que vivo —frente a los bosques más antiguos del mundo, donde especies de más de 3.600 años nos contemplan—, nada parece imposible y todo tiene sentido y orientación.

Adriana (Nana) Schnake Silva
Anchimalén, Chiloé
Marzo de 1995

Capítulo I

Entrando y saliendo del discurso médico

He de confesar que desde que me atreví a ver y a escuchar gestálticamente a un paciente con una enfermedad "orgánica" —lo cual incluye personas con pronóstico grave—, mi visión ha cambiado mucho.

Recuerdo la primera vez que fui a ver a una chica a la que le habían indicado en la Clínica Mayo de Estados Unidos que debía consultar a una psiquiatra. Se trataba de una joven de 18 años que rehusaba alimentarse: decía que no podía tragar. Hermosa y delicada, parecía imposible que hubiera soportado las tremendas intervenciones a las que había sido sometida: dos operaciones por metástasis pulmonares, además de irradiación. Según ella, no podía tragar porque su esófago había sido destruido por la radioterapia.

Desde mi propia desolación establecimos el leve contacto que permitía su escaso deseo de vivir. Logré que, en fantasía, penetrara en el interior de su cuerpo y empezara a recorrerlo; así descubrió que su esófago era un tubo rosado que se apretaba de a ratos, pero que podía dejar pasar un poco de comida. Ese mismo día aceptó comer helados; parecía que se

abría una posibilidad. Sin embargo, mi misión sólo consistía
en ayudarla a soportar mejor lo que le estaba ocurriendo. En
una palabra, que se alimentara y estuviera lo más sana posible —psíquicamente— hasta que le tocara morir, algo que
aparentemente ocurriría pronto. La vi durante poco tiempo, y
nuestro contacto se interrumpió después de su última vuelta
a la Clínica Mayo. Allá falleció.

Nunca me he olvidado de ella y, cada vez que la recuerdo,
un nudo de impotencia me detiene y me sume en los interro-
gantes más angustiantes de mi vida. ¿Se hubiera evitado el
cáncer que la destruyó si alguien hubiera visto a tiempo toda la
situación existencial de esa criatura? ¿Y yo? Yo creía y confiaba
en la ciencia médica. ¿Y si en lugar de agregar el pensamiento
psicológico al pensamiento anatómico y fisiológico aprendido
en la Escuela de Medicina, yo hubiera sido capaz de no pensar
en nada de ello, y simplemente creer que si esa niña había
sido capaz de comer en mi presencia tal vez también podía
decidirse a vivir? El famoso *conocimiento* me paralizaba. Era
muy difícil sustraerse de lo aprendido, y la evolución de ciertas
enfermedades aparecía como ineludible.

Aquella situación me ayudó a darme cuenta lo aterrador que
es ser especialista, cuando de seres humanos se trata. Eludimos
nuestro compromiso pensando que hay terrenos que son del
especialista. Y sí..., los médicos nos hemos especializado en
disecar a las personas vivas. En el caso de aquella joven, yo
me quedé tranquila cuando una vez más la llevaron a Estados
Unidos: ellos eran los especialistas. Ni siquiera me permití pensar si tenía sentido someterla a nuevas y torturantes pruebas.

Así, una tras otra vuelven a mí aquellas imágenes que cuestionaron todo mi quehacer médico; imágenes que se separan
y se juntan, queriendo darme un mensaje que he tratado de
descifrar al ir escribiendo este libro.

Recuerdo a aquella otra chiquita con un Hodking, a la que
sabíamos que le quedaba un cortísimo tiempo de vida. Veo su

carita de luna, su cuello engordado por el terrible monstruo que la estrangulaba. A ella le brillaban los ojitos cuando me veía; yo le llevaba títeres o algún juguete y, por un momento, me olvidaba del drama: juntas nos reíamos de la muerte. Porque los títeres se morían y después volvía a escucharse su voz: era mentira la muerte, sólo el cuerpo cambiaba. Treinta y siete años después puedo escuchar aún el susurro y la risa de aquella pequeña de quien, sin embargo, no recuerdo el nombre.

Una y otra vez me preguntaba: ¿qué tengo que ver yo con todo esto si sólo quería enseñar a niños chicos? ¿Cómo y cuándo me metieron en la cabeza la idea de ser médico? Seguramente pensé que podía enseñar igual y "eso" era más entretenido. "Eso" que vi en mis primeras entradas al Pabellón de Anatomía. Pero ¿qué era y qué es "eso"? ¿Cómo se transmite lo inefable, lo desgarrador, lo cósmico?

De pronto una luz empezó a calmar las preguntas sin respuesta: era posible que todo se entendiera si aprendíamos a explorar el inconsciente. ¿Y el inconsciente de esa chiquita de 4 ó 5 años explicaría su horrible enfermedad? ¿Cuántas preguntas sin respuesta puede contener un ser humano para no transformarse en un gigantesco signo de interrogación suspendido en el espacio? Sólo sé que muchas veces encontré la forma de calmar mis preguntas. La luz fue viniendo de diferentes lados y nunca era *la* luz. Era apenas *una* luz.

Digo "luz" y de pronto me doy cuenta del absurdo: si ni siquiera la luz es una sola. Depende del cómo se la estudie, depende del experimento el cómo la luz se nos revela: o son corpúsculos o son ondas. Y además (Principio de Complementariedad de Bohr) no se puede entender su naturaleza si no se tienen ambos conceptos (49). Y como si esto fuera poco, no se pueden observar ambos aspectos simultáneamente.

Claro, mirando el mundo de este modo casi opuesto al que me enseñaron en mi infancia, empiezo a darme cuenta de lo absurdo de esa causalidad que he buscado tan angustiosamente:

no existe una verdad absoluta; nada que los seres humanos podamos ver y entender de idéntica manera.

El observador altera lo observado, interviene en el transcurrir de los hechos. Así puedo admitir que mi "visión" de aquella pequeña era tan válida como la del especialista, y esta perspectiva podría haberme permitido decir que, según lo que yo "veía", la niña tenía que salir del hospital; si me dejaban jugar con ella y acompañarla, sus ganglios volverían a la normalidad.

La medicina, los médicos, los hospitales, las enfermedades..., tengo que vaciarme de todas las experiencias personales en este punto para ver si puedo llegar a describir con una mínima claridad lo que —en este momento— es para mí el enfoque gestáltico del enfermar.

Cuando en 1965 operaron a Juanita —la *nana** de mis hijos— de un tumor de ovario, todo ocurrió de un modo bastante particular. Ella era una mujer primitiva y simple, que jamás aprendió a leer ni escribir. Ya estaba en la casa de mi marido cuando nos casamos; era afectuosa con los niños y con los animales. Cuando nació mi primer hijo, lo miró con tanto amor que yo le enseñé a tenerlo en brazos sin miedo, a cambiarle los pañales y otras pequeñas tareas que sólo requerían cariño.

Nunca supe qué me llevó a palpar su abdomen aquel día en que se quejó de un dolor mientras se tocaba la fosa ilíaca derecha. Toqué una masa: tumor de ovario, pensé. La llevamos rápidamente a la Clínica Ginecológica donde trabajaba mi esposo y allí la operaron de ese cáncer primitivo de ovario, del cual por aquel entonces se habían descrito muy pocos casos. El pronóstico era malo: había compromiso ganglionar. Indicaron aplicaciones de cobalto después de la operación.

Además de cumplir con todas las indicaciones médicas, hablé con mis hijos y les dije que ahora teníamos que cuidar

---

*En Chile, se le dice nana a la persona que cuida a los niños de la casa.

entre todos a Juanita; mostrarle cuánto la queríamos y, muy especialmente, hacerle saber que aunque yo no quería tener más hijos, ella era importante y útil.

En el hospital insistían con los controles periódicos y ella sufría mucho durante cada examen. Le prometí que no la llevaría más. Mientras tanto, era obvio que mis hijos le habían dado un sentido a su vida; al empezar la más pequeña el colegio, Juanita ya no se sentía tan indispensable. Le expliqué a ellos lo importante que podría ser para esta mujer ver que aún la necesitaban y la querían. Así fue como ellos empezaron a pedirle pequeñas-grandes cosas, como que encendiera una vela a su virgen cada vez que tenían una prueba escolar. Le llevábamos el desayuno a la cama y siguió siendo un personaje querido no sólo por mis hijos sino por toda la familia. Sólo se sintió algo decaída cuando mis hijos mayores se fueron a Francia. Sufría por no verlos y esperó que volvieran con sus pequeños retoños.

Juanita llegó a vivir más de 80 años; murió en nuestra casa de Chiloé, 20 años después de aquella operación. La decisión que había tomado con ella constituyó mi primer desafío a la Ciencia Médica, y en su momento fue una decisión difícil: ella había sido siempre una persona que se quejaba de variados dolores; con el antecedente de su operación, cualquier nueva consulta médica era un riesgo total, porque nadie habría podido sustraerse a la obligación de descartar una metástasis. Ya sabemos lo que eso significa: exámenes más exámenes, y el cuerpo de Juanita transformado en un "objeto" de estudio. Pero yo cumplí mi promesa de no llevarla más al hospital. Ella murió en su propia cama, al lado de su virgen y escuchando la voz de otros pequeños que imaginó que eran los mismos que 25 años atrás la necesitaban. Una mañana ya no despertó: su muerte fue como su vida, silenciosa y tranquila.

En este caso, mi rebeldía fue posible: Juanita era mi responsabilidad y su deseo era muy claro. Tal como solía expresarlo, no quería que la "trajinaran" más. Con mi paciente de la Clínica Mayo no había podido actuar con idéntica decisión; ahí fue cuando también empecé a tener pena frente a la gente con dinero: con ellos se pueden probar los más costosos tratamientos.

Así es el juego y los trucos de nuestro ego: cuando hacemos algo que resulta bien y estamos contentos, somos nosotros los que hemos "decidido". Pero cuando todo ocurre de un modo desastroso y humillante, cuando nuestra participación no fue más que una simpática escaramuza que anunciaba posibilidades "increíbles"..., entonces las cosas *ocurrieron*, las decidieron otros. ¿En cuál comparsa iba yo y quién realmente tiraba del carro?

Aquí llegamos a un punto decisivo: es preciso asumir que la terapia es una sola. No sigamos aportando pruebas sobre la evidencia de que las emociones o el estrés alteran los índices biológicos. Si lo que pretendemos es inducir a los médicos a que le den importancia a lo psíquico, éste es un camino errado. Los mismos médicos sufren índices elevados de mortalidad en algunas afecciones, como el infarto de miocardio en los cirujanos. Por lo tanto, así como se advierte que el tabaco puede producir cáncer, se podría también advertir: "Ser cirujano puede producir infarto". Y siguiendo ese criterio estadístico, también podríamos anunciar a los hombres: "No se separe de su esposa después de los 50 años; puede contraer cáncer" (38). O: "Hágase esquizofrénico; no sufrirá de cáncer".

Que la terapia es una sola constituye una obviedad; no tendría por qué existir la psicoterapia separada de la organoterapia. Ninguna acción sobre el ser humano puede dividir lo que no tiene posibilidad alguna de ser dividido ni separado. Ninguna acción de este tipo tiene vías de acceso separadas, ni vías de acción que no estén interrelacionadas.

Jamás podremos saber de qué intensidad es el factor paralizante o estimulante del miedo o la angustia. Recuerdo a un obrero de 25 años, robusto, sano y vigoroso, que llegó a la Clínica Quirúrgica con una fractura de húmero. Llevado al pabellón para reducir esa fractura, se le hizo una anestesia local (novocaína troncular) y ¡puf!, *paro cardiaco*. Hicimos lo imposible para que ese corazón volviera a latir. Incluso se abrió el tórax, pero fue imposible. Y aquel hombre, que había entrado prácticamente sano, salió del quirófano muerto.

En aquel mismo curso habíamos visto llegar caminando a un hombre que tenía una fractura doble de pierna: ¿cómo podía desplazarse y caminar soportando aquello? La naturaleza había hecho lo posible y, claro, la deformidad era total; hubo que quebrar nuevamente la pierna para reducir la fractura de modo adecuado. Sea como fuere, sería un disparate que esa experiencia nos llevara a pensar que resulta mejor dejar a su arbitrio a los fracturados. Pero yo no podía dejar de recordar al obrero que había muerto. En aquella época, mi necesidad de tener explicaciones me hacía revisar una y otra vez los pasos seguidos y la posible "causa" de aquella muerte. Decir que esto "podía ocurrir" con la novocaína local no me satisfacía. En todo caso, se trataría de la novocaína, más un miedo muy grande. ¿Era posible que ese hombre tan fuerte aparentemente tuviera tanto miedo? Sí. Una importante descarga de adrenalina podía ser la responsable. Pero este factor no se nos hizo evidente a los médicos. Yo no recordaba siquiera haberle oído la voz a aquel obrero, menos todavía la formulación de alguna duda o pregunta.

Sentía lo terrible y estresante de esta profesión, donde constantemente hay que estar esperando que un organismo reaccione de acuerdo con lo sabido o visto en otros organismos, debiendo meternos en un mundo desconocido con la mayor seguridad, y dejando las dudas en nuestro inconsciente para que, si quieren, aparezcan en los momentos más inesperados, tal como el sueño de Freud con su paciente Irma (42).

Dudas, contradicciones... Mi amor y respeto por la medicina eran grandes. También me había tocado ver cómo una mujer

entraba literalmente muerta al quirófano, debido a un embarazo
tubario roto: se la abría y con destreza el cirujano ligaba la
arteria sangrante. Parecía un milagro ver cómo el color y la
vida volvían a ese cuerpo.

No, no es fácil pelearse con la medicina. Pero tampoco es posible seguir cultivando ese monstruo en que se ha transformado
y pretender modificarlo perfeccionando enfoques divisionistas
y omnipotentes. Sólo cabe, tal vez, que los profesionales no se
olviden del cuerpo; sobre todo, los profesionales que intentan
incorporar la dimensión olvidada en la comprensión y cura del
ser humano. Que colaboren para que las personas tengan una
dimensión más real de la totalidad que son y que, por diferentes
motivos, llegan a negar.

Hace seis años, mi madre tuvo un cólico hepático mientras
estaba en la ciudad de Valdivia. Tenía 88 años. El cuadro fue
leve, pero mediante una ecografía se vio que tenía una tremenda
piedra en la vesícula. El cirujano que la atendió ni propuso
operarla debido a su edad y el poco riesgo que ofrecían esos
cálculos grandes.

Yo conocía a mi madre; sabía que de ahí en más, cada vez
que sintiera una molestia se iba a asustar desmedidamente.
Tiene verdadero horror a sufrir dolores o molestias corporales,
y necesita saber con claridad todo (!) lo que ocurre en su organismo. Alguien propuso que la lleváramos a Santiago, pero
me opuse; si la operábamos, sería en Valdivia. En Chile todos
los cirujanos son buenos y lo que ocurre en el quirófano no
depende sólo del cirujano. El paciente es clave.

Hablé con el cirujano y le pregunté si estaba dispuesto a operar, siempre que mi madre lo aceptara bien. Estuvo de acuerdo.
Entonces hablé con ella; exploramos qué sentido podía tener
una piedra en la vesícula. Me contó de esa extrema necesidad
de ser fuerte y dura que había tenido a lo largo de su vida, y
cómo "gracias a ello" había conseguido todos sus logros. Vimos
también cómo podía aceptar que ya estaba en otra etapa de su

vida, y que no podía volver a caer en situaciones de tristeza como la vivida ese último verano, cuando debió quedarse casi sola en Santiago, que es una ciudad de donde todos huyen cada vez que pueden. La ayudé a ver que no se puede ser tan "fuerte" cuando dependemos —aunque sea en parte— de los demás. ¿Podía ella admitir que todos la querían pero no encontraban tan fácil estar a su lado cuando se ponía exigente e imperativa? Tal vez ya no necesitaba sostener piedra alguna y podía empezar a ser una viejita plácida y feliz. Seguramente todo sería más fácil si se conectaba con su lado receptivo y confiando; necesitaba dejarse cuidar para lograr que alguien quisiera cuidarla con gusto. ¿Que nadie lo haría con el nivel de eficiencia del que ella era capaz? Seguro, pero quizás era suficiente para que pudiera disfrutar de los años que tenía por delante.

En fin, es imposible recordar todo lo que hablamos en aquella ocasión. Sólo sé que ella comprendió lo que había que comprender: podía aceptar la intervención de otros para estar mejor y, fundamentalmente, confiar en que su cuerpo era capaz de responder a exigencias bastante grandes.

La operación fue un éxito. La tranquilizó el sentirse cuidada y que yo no la "entregara" en manos de otro, que me quedara a su lado y enfrentara con ella lo que venía. Esto le sirvió no sólo para ese momento, sino para tomar la decisión de dejar su casa y el esmog de Santiago. Vive ahora con nosotros en Chiloé, que es "nuestra casa", donde ella goza del mar, el campo, los árboles.

El cirujano que operó a mi madre realizó una intervención impecable. También él estaba tranquilo: la responsabilidad de que esa intervención se efectuara la había asumido yo. A él le pertenecían la destreza y seguridad de lo que hacía; la anestesia la hacía otro colega. Nunca hablamos acerca de si habían notado alguna diferencia entre este singular equipo que habíamos conformado, respecto de otros en los que ellos habían participado. Era obvio que no es frecuente la presencia de un psiquiatra en el quirófano; sin embargo, yo tengo la certeza de que aquí había alguien más cuya presencia no es habitual: el paciente.

Dicho de otra forma: sé muy bien que en las intervenciones hay una clara noción de equipo. En ese instante nadie se siente omnipotente y todos saben que hasta el último de los ayudantes influye en la intervención. El cirujano es el capitán y como tal actúa: con claridad y decisión. Hasta tal punto que nadie del equipo resentiría un grito o un improperio en esas circunstancias. ¿Y el buque? ¿Es el acto mismo o el paciente? Si vuelvo al caso de mi madre, tal vez para los otros el buque que comandaba el hábil capitán era el acto en sí, ese abdomen abierto que estaba siendo intervenido. Un buque cuyas máquinas tenían 88 años de antigüedad, que había recorrido muchos mares y se había movido más que muchos. Pero para mí, era mi madre quien dirigió todo. Ella estaba ahí con su tremenda fuerza y su debilidad absolutas. Al empezar la intervención se quejaba y me nombraba y decía "me duele". El cirujano me aclaró que no podía dolerle. Sólo experimentaba un tironeo y se le había puesto ya todo lo necesario para una anestesia local, que era suficiente; no parecía posible arriesgarse en ese momento a las posibles consecuencias de una anestesia general. Mientras tanto, yo sabía que allí podía ocurrir lo que había visto en más de una ocasión: se prosigue con la operación y después el paciente "no recuerda" nada. Pero también sabía de la fuerza de los recuerdos que podemos mantener sepultados... ¿O acaso yo no había tenido que trabajar un año entero para que de pronto, en una sesión, un paciente "recordara" el momento en que había puesto una bala a un revólver que disparó jugando y con la "certeza" de que no estaba cargado?

Comprendí hasta qué punto yo misma estaba absolutamente dirigida por un discurso médico comandado por la enfermedad o el cuadro clínico. Vinieron a mi mente muchos gritos de horror lanzados por pacientes para quienes las explicaciones siempre eran las mismas: *no sienten*. ¿De dónde sacamos los médicos esa certeza absoluta que nos permite seguir metiéndonos en la carne viva de una persona que se queja? ¿Nuestra certeza viene de las explicaciones acerca de las vías del dolor, de un "saber" por dónde van los nervios y la seguridad que nos da la anestesia? ¿Nos basamos en la información que el propio paciente nos da a posteriori, cuando afirma no recordar nada?

¡Qué horror! Sabemos que esta persona que chilla bajo nuestras manos no es la misma que disecamos; sabemos que tampoco es la misma con la que se experimentaron vías de conducción nerviosa, pero es "igual". Por lo tanto, tiene que reaccionar "igual".

De pronto, en aquel quirófano donde mi madre decía "me duele", todo el discurso médico que me invadía se detuvo de golpe. Si ella se quejaba, algo estaba sintiendo; al parecer, algo que la asustaba mucho. Y entendí que tenía que escucharla; para eso estaba yo en ese quirófano. Nadie más que ella misma podía decidir lo que le era soportable. Fue entonces cuando el miedo llegó a mí: la idea de una anestesia general, con todos esos fármacos en su cuerpo, me aterraba.

Tomé su mano: si algo le pasaba, no estaría sola. También confié en ella, y contesté afirmativamente a la mirada interrogativa del anestesista. Sí: anestesia general. Ahora, cuando miro hacia atrás, me doy cuenta de que posiblemente todos los argumentos eran válidos para una persona de no más de 80 años. Con más razón para alguien de 88. Pero ¿qué edad tiene para un hijo una madre activa y lúcida como la mía?

Así es la medicina: llena de ideas definitivas y de teorías que se viven como leyes sobre la "enfermedad", ese fantasma que hace desaparecer a las personas, que habla por ellas y está absolutamente determinado en el discurso médico. Un discurso del que yo misma no me sustraigo del todo y que, a lo sumo, sustituyo heroicamente por otro que cada vez se me hace más contundente: el discurso de ese "otro" al que hemos suplantado desde Hipócrates.

¿Qué fue, en su momento, lo que me dio seguridad para "saber" que lo conveniente era operar a mi madre? Todo aquello que aprendí en la Facultad y que aparecía en mí con esa claridad que han de tener las ideas de los fanáticos: los cálculos grandes son los menos peligrosos..., no dan litiasis del colédoco..., si la vesícula es atrófica, no son peligrosos..., mi madre no ha de tener una vesícula atrófica..., si tuvo dolor, es posible que en otro cólico la vesícula se rompa, etc., etc. Todo era evidente y sin discusión dentro de mí: los cálculos se operan, salvo que haya contraindicaciones importantes. ¿Me acordé en ese momento que ella tenía 88 años y ésa es una edad que detiene hasta a los cirujanos? ¿Se dio cuenta el cirujano que yo no veía los 88 años de mi mamá?

Estas reflexiones se hicieron carne, me sacudieron: había que parar esto de seguir inventando discursos para disecar al ser humano. Pero ¿cómo? En aquel momento crucial, yo decidí que la respuesta está en el paciente. De él es el cuerpo; él sabe lo que quiere y lo que le pasa. Basta de teorías de afuera: ¡anestesia general! En ese gesto afirmativo al anestesista, yo comprometí mi vida. Siempre que mi inconsciente no guardara otra cosa, yo sólo quería que mi mamá viviera... Y vivió y vive aún, y tuvo un postoperatorio increíblemente bueno: en tres días ya estaba de regreso en la casa.*

En aquel momento no hice ninguna reflexión; seguramente lo único que me movió fue mi intuición, ese atributo con el que tantas veces me había peleado, ya que me convertía en poco "científica".

En mis épocas de estudiante, la intuición me había servido para divertirme leyéndole la suerte a mis compañeros de la Escuela de Medicina. Yo era la primera que me reía de todos aquellos absurdos que se me ocurrían *sin ningún fundamento*

---

* Y aún ahora —en 1997— puede disfrutar de una empanada de horno y un vaso de vino.

real. Para mí, el concepto de fundamento apuntaba a algo probado "científicamente", y lo que quería encontrar al dedicarme a la especialidad de psiquiatría eran precisamente *los fundamentos científicos del comportamiento humano; los fundamentos o explicaciones racionales de todo.*

Con lo que me encontré fue con la primera idea delirante de la psiquiatría: los fundamentos "científicos" del electroshock y del coma insulínico. Yo no aceptaba como "tratamiento" tamaña brutalidad, pero mi argumentación no fue ni siquiera escuchada. Percibí la mirada cariñosa y simpático comprensiva de algunos colegas, y la no tan simpática de otros que tal vez en aquella época empezaron a calificarme peyorativamente de "esotérica", por apelar más a la intuición que a los llamados fundamentos científicos.

Afortunadamente, el jefe de esa cátedra era el profesor Ignacio Matte Blanco: un hombre absolutamente honesto y verdadero que, como Jung, confiaba más en la intuición de las mujeres que en cualquier supuesta ciencia. Era mi analista didáctico y yo me sentía amparada por él para reírme secretamente de la grandilocuencia de aquellos colegas que se escudaban en su primitivo y mal digerido concepto de lo "científico". Lo "científico" de la psiquiatría era como una mala película de ciencia-ficción; se confundían teorías con leyes y todo daba lo mismo. Total, nadie más que ellos veía los resultados. Para ellos, una mujercita como yo estaba bien para hacerle terapia a algún familiar, o incluso a algunos de ellos. Podía ser escuchada a medias, o mirada porque tenía "buenas piernas". Pero nada más.

Pesa la falta de diálogo con los pares; muchas veces produce inseguridad. Se hacía evidente que, en un mundo de hombres engolosinados con la brillantez de su pensamiento, no era fácil hacer aportes nacidos de la práctica cotidiana. Afortunadamente, estaban los jóvenes que querían aprender algún modo real de acercarse a los pacientes y tener la perspectiva de ayudar en su cura. Y también estaba Heidegger, al que yo leía una y otra vez, entendiendo algo de lo suyo "intuitivamente"; lo suficiente como para poder sostener la mirada de otros y continuar.

Es posible que esto que llamamos *intuición* —y que, aparentemente, es más fuerte en las mujeres— tenga que ver con la capacidad de vivir las experiencias, o experimentar las situaciones, más profundamente. Si es cierto que esta capacidad es lo que se necesita básicamente para transformarse en experto (12), y es la que nos hace elegir el procedimiento adecuado para cada situación, resulta obvio que ha de funcionar en las emergencias.

Es desde esa perspectiva que ahora me conecto con aquello que dice Heidegger: es preciso que las situaciones experimentadas queden en la mente. O quién sabe dónde, pero que no queden encerradas dentro de una explicación que ya no permita volver a enfrentar esa situación de otro modo.

Es posible que jamás se me hubiera ocurrido que aquel joven obrero de 25 años —que murió hace ya 40— tuviera miedo. En todo caso, ¿qué tiene que ver con mi madre, una señora de 88 años, que desde que nació sabe chillar por lo que no acepta? Es posible que todo esto se haya juntado al ir escribiendo, y por azar. O, como supone la teoría psicoanalítica cuando usa la asociación libre, porque 40 años, para el inconsciente, es aún algo por ocurrir, o porque 25 años tenía mi madre cuando se casó...

Si sigo tratando de saber qué me hizo recordar ahora estas experiencias ligadas, podría escribir un tratado de supuestos. Todo es de una complejidad tal que sólo nos queda el estar abiertos y saber que nuestra mejor aliada es esa angustia experimentada justo en el momento en que es básico y definitivo elegir, decidir. Es como una luz que nos orienta y nos lleva directamente a la situación que corresponde.

¡Cuántas veces, después de una intuición salvadora, la lógica y el pensamiento cartesiano (o los *buenos* consejos de *buenos* amigos) nos hacen retractarnos de una decisión que obviamente era la adecuada! Como nos dice Heidegger, gracias a Dios el elegir una posibilidad no anula a todas las otras que no se eligen (aunque algunas, al no ser escogidas, se anulan por sí mismas).

Después de haber revisado estas situaciones en las que siempre estuvo presente el discurso médico "armoniosamente" condimentado con los aportes comprensivos de la psicología y con las intuiciones filosóficas, pienso que este híbrido que percibí en mí es una herencia común en muchos psicoterapeutas y médicos que, honestamente, creen ser más totales en el enfoque y tratamiento de sus pacientes cuanto más se interesan en los aspectos psicológicos de quienes los consultan. Para mí, en la actualidad es obvio que agregar un pensamiento a otro sólo lo hace más complejo, más denso y difícil de ser desalojado de nuestra mente. Y necesitamos estos "desalojos", necesitamos el vacío que puede hacer posible que algo nuevo ocurra, o que lo que está ocurriendo cobre la intensidad suficiente para que pueda ser guardado sin clasificar, y pueda hacerse presente cuando las circunstancias lo requieran.

No podemos funcionar siempre con *mente de principiante*, pero por lo menos démosnos cuenta de cuándo ello es posible. Advirtamos los enormes beneficios que esta actitud trae para nosotros y para aquellos que se nos acercan con la expectativa de que los ayudemos, o por lo menos, contribuyamos a acercarlos a su cura.

El enfoque que este libro desarrolla, lejos de agregar nada, o hacer más compleja la comprensión de lo que ocurre, tiende a simplificar, a limpiar el campo de malezas invasoras que el ser humano ha dejado crecer, cultivándolas en un principio con la convicción de que eran útiles y podían servir para delimitar territorio. Si los territorios no tienen límites naturales, todo artificio o recurso para separarlos se convierte en una guerra infructuosa. Y si lo que necesitamos es poner límites para el mejor aprovechamiento del terreno, obviamente esos límites serán transitorios y no alterarán el territorio mismo.

Haré un esfuerzo por mostrar cómo podemos ir descubriendo el territorio que somos, el espacio que ocupamos y los tiempos que nos mueven. Para hacer esto tengo que despejar el campo. Es preciso sacar fuera de mí la mayoría de las ideas y comentarios que durante tanto tiempo invadieron mi quehacer, y que son compartidos por muchos. Pero no todo lo que sacaré quedará afuera.

Hay cosas sagradas que permanecen.

Capítulo II

Del discurso médico al discurso psicoanalítico

Desde Freud, que empezó por mostrar-enseñar-transmitir o agregar una nueva dimensión al conocimiento médico del hombre, el psicoanálisis y la psicología general han ido desarrollándose por caminos propios y "aportando" sus enfoques a los diferentes cuadros gnoseológicos. Lo que tenemos actualmente es un enorme bagaje de conocimientos sobre *Las Enfermedades*.

Hemos agregado a las etiologías orgánicas los posibles factores psicológicos que pueden determinar la aparición de un cuadro clínico. Para completar mejor el cuadro clínico, se estudian —con supuesta precisión— los "factores de riesgo". Sin embargo, en lo que se refiere al ser humano enfermo, todas las terapias —sin excepción— son un elemento más que contribuye a esclavizar y encadenar a las personas a un destino infrahumano.

La persona enferma ya no es dueña ni siquiera de su propio cuerpo. Más que de los médicos o de la medicina, ha quedado presa del discurso médico, y lo que habla por ella es su "cuadro clínico". Los terapeutas hacen su aporte a la comprensión de la enfermedad, y se acercan al enfermo absolutamente insertos en el discurso médico, buscando otras "etiologías". *La Enfermedad:* ella es la que reina.

Buscar por separado las causas físicas y psíquicas es el resultado de la mirada cartesiana; no era éste el enfoque que imprimió Hipócrates al pensamiento médico. Así, por ejemplo, hablando de las posibles causas de la impotencia sexual en los escitas (8), dice: *"...Es el resultado de la equitación permanente de los escitas, que les provoca obstrucción en las articulaciones, dado que llevan siempre los pies colgando a un lado y otro de la cabalgadura; a los que están gravemente afectados, esto llega a provocarles la claudicación y distensión de la cadera".* *Agrega, más adelante: "A las causas de la impotencia agreguemos que llevan permanentemente calzones, que siempre están a caballo, sin poder llevarse ni siquiera las manos a las partes naturales, que el frío y el cansancio los distrae del deseo de unión de los sexos, y que en el momento en que lo intentan, ya han perdido su potencia viril".*

Entre el discurso médico de los tiempos de Hipócrates y el que prevalecía en la medicina a mediados del siglo pasado, hay una diferencia abismante. Freud tiene que demostrar que existe "algo" como el inconsciente para que "causas psíquicas" puedan ser consideradas como determinantes de un cuadro clínico. Así hemos ido agregando a la causalidad orgánica la causalidad psicológica. Y entramos de lleno en la búsqueda y descripción de causas, de historias, de traumas, de virus..., dividiendo radicalmente al hombre y mostrándole que cada vez sabe menos de sí mismo. Cada día se necesitan más "expertos" para ocuparse de sus enfermedades, y cada día aparecen nuevas enfermedades que lo amenazan.

Es posible que Freud hubiera captado muy claramente lo enajenante y distorsionador del discurso médico; sin embargo, no tenía —ni creó— otro ámbito que ése para poder desarrollar sus teorías. Por otra parte, su formación médica lo conectaba con el respeto y la admiración por la verdad y el reconocimiento hacia todo lo que puede ser usado para beneficio de la humanidad. Ese respeto y reconocimiento son los mismos que, de alguna manera, penetran en todos quienes pasaron largos años en las serias y doctas Facultades de Medicina.

Al "demostrar" cómo podían producirse —y por lo tanto, curarse— los cuadros histéricos, Freud incorporó definitiva y "científicamente" la causalidad psíquica al quehacer médico y posteriormente psicológico. Muchos años después, esto lo abrumaba. En 1928, en una carta a Ferenczi, dice: *"El desarrollo interno del psicoanálisis está avanzando por doquier divorciado del análisis profano, contrariamente a mis intenciones. Se lo convierte en una especialidad puramente médica, lo que considero como trágico para el futuro del psicoanálisis"*.

¿Percibía en aquel tiempo Freud el trágico destino del hombre, que estaba cayendo en la vorágine del despersonalizador discurso médico? Posiblemente. Es obvio que él **vio a las personas en el inicio de su carrera, y hasta se permitió entender lo que hablaban y leer en las expresiones mismas de sus cuerpos el deseo reprimido, la acción interrumpida, el simbolismo incuestionable de síntomas que se hacían inexplicables.** A este discurso proveniente de la persona misma él lo denominó psicoanálisis, usando un nombre que inducía nuevamente a la división, aunque lo que él pretendía era devolver al ser humano la capacidad de sentirse dueño de sí mismo, sin ser manejado o esclavizado por ideas ajenas. Para Freud, una de estas ideas era la religión; su lucha contra ella le impidió recibir uno de los más valiosos aportes que apareció en su momento: la contribución de Groddeck.

De allí en adelante quedó en manos de los propios psicoanalistas inclinarse más hacia la teoría, o volver a mirar y a escuchar ese cuerpo del que provenía toda la información con la que estaban construyendo —al más puro estilo médico— doctas gnoseologías y cuadros clínicos muy bien descritos, con clara etiología.

Ninguno de los que cuestionaron el sometimiento del psicoanálisis a la medicina fue aceptado. En cuanto al brillante y contundente cuestionamiento de Lacan, no ha logrado que sus seguidores se den cuenta de que no pueden quedarse en las palabras. Más de uno de los psicoanalistas lacanianos, sin embargo, ha empezado a reclamar por la presencia del cuerpo de sus analizados (31). Lacan no ha sido escuchado, o más bien la "escucha" de sus discípulos ha sido demasiado ostensiblemente orientada por sus propias inclinaciones. En cuanto al Maestro de maestros, no ha sido leído. Todo lo rígido y dogmático que estaba inserto en el discurso de Freud fue aceptado y transmitido, mientras que mucho de lo flexible y abierto a interpretaciones diferentes, quedó en el olvido.

A partir de mis "encuentros" con Freud —en los que más de una vez le "trabajé" alguna polaridad*— he buscado todo aquello que me mostraba su "otro lado": ese Freud que tenía conciencia de que él no había inventado nada, que sabía que sus aportes eran descubrimientos, y que todo aquello que se des-cubre es porque antes estuvo y fue "enterrado"...

Ese Freud es el que pudo aceptar, por ejemplo, el diálogo con un médico cualquiera que, tal vez por ser dueño de una clínica, se permitía tratar, ver y entender a sus pacientes de un modo diferente, absolutamente original. Me refiero a Groddeck, que atribuía la curación a la relación que establecía con sus pacientes y a las "interpretaciones" que les hacía sin siquiera haber asistido a una sola conferencia de Freud ni haber leído ninguna de sus publicaciones.

Me permitiré citar con detalle el primer encuentro epistolar entre Groddeck y Freud (13), tomando en cuenta que a Groddeck se lo ha considerado como padre de la medicina

---

* He descrito en otro libro (42) un imaginario "trabajo gestáltico" con lo que —para mí— aparecía como una polaridad en Freud.

psicosomática; un título que a él lo habría indignado o, por lo menos, desconcertado.

En su primera carta, del 27 de mayo de 1917, Groddeck puntualiza a Freud que en uno de sus libros se encuentra un "juicio prematuro" sobre el psicoanálisis. Una prueba evidente del desconocimiento total que tenía sobre esta modalidad; sólo al leer de modo casual un libro de Freud se da cuenta de que es así como él venía tratando a sus propios pacientes. Dice: *"A mis concepciones —o debo decir a las suyas— no llegué a través del estudio de las neurosis, sino a lo largo de observación de pacientes aquejados de enfermedades que se suelen denominar corporales. Mi celebridad médica la debo originalmente a mi actividad como terapeuta físico y especialmente como masajista*. En consecuencia, mis pacientes presentan otras características que las del psicoanálisis. Mucho antes de conocer, en 1909, a la paciente antes mencionada (cuyo caso relata someramente en la misma carta), había abrigado en mí la convicción de que la distinción entre cuerpo y alma no era más que una distinción nominal e inesencial, y que el cuerpo y el alma constituyen una cosa común: que en ellos se encierra un Ello**, una fuerza por la que somos vividos mientras creemos que somos nosotros mismos quienes vivimos. Evidentemente, tampoco puedo pretender que esta idea sea de mi propiedad, pero fue y sigue siendo el punto de partida de mi actividad. Con otras palabras, desde un principio he rechazado la separación **entre dolencia corporal y anímica; he intentado tratar al hombre individual en sí, y al Ello** que hay en él. He intentado, en fin, hallar un camino que conduzca a lo intransitado e intransitable. Soy consciente de que por lo menos me acercaba fuertemente a los límites de*

---

* Groddeck, evidentemente, tocaba a sus pacientes.

** Palabra que Freud tomó de Groddeck, y usó con otro sentido.

lo místico, y que acaso ya me desenvuelvo en su mismo seno. A pesar de todo, los simples hechos me obligan a seguir este camino. El psicoanálisis, si lo he comprendido bien, trabaja por ahora con el concepto de neurosis. Supongo que, de todas maneras, tras esa palabra abarca usted toda la vida humana; al menos así lo concibo yo. **El Ello, que está misteriosamente relacionado con la sexualidad, con el Eros o como quiera que se desee llamarlo, forma lo mismo la nariz que la mano del hombre, y confiere de la misma manera sus pensamientos y sentimientos. Se manifiesta tan pronto como una inflamación pulmonar o un cáncer, que como una neurosis compulsiva o una histeria, y así como la actividad del Ello que aparece en la histeria o en la neurosis constituye el objeto del tratamiento psicoanalítico, así también lo debe constituir el fallo cardiaco o el cáncer. En sí mismo, no existen diferencias esenciales que pudieran obligarnos a hacer ensayos del psicoanálisis aquí y no allí".**

La carta continúa; es muy extensa. Groddeck cita ejemplos clínicos, admite que su Ello tiene que ser más explicitado y, casi al final, dice: *"Debo suponer, muy admirado profesor, que mis breves indicaciones le darán a entender mi deseo de sostener en mi publicación la idea de que todas las enfermedades del hombre, así como toda su vida, se hallan bajo la influencia de un inconsciente, y que en esta influencia la sexualidad puede por lo menos constatarse".*

El 5 de junio de 1917 —con más rapidez que la de los correos actuales—, llega la respuesta de Freud. *"Muy apreciado colega: Hace mucho que no he recibido una carta que me haya alegrado e interesado tanto, y que me haya movido a sustituir en mi respuesta la común cordialidad debida a toda persona extraña, por una sinceridad analítica".* Así comienza y así prosigue la carta de Freud: cálida y extremadamente sincera. Como este tramo: *"Usted me pide con urgencia que le confirme oficialmente que no es usted psicoanalista, que no pertenece* *al grupo de los adeptos, sino que más bien debe pasar por algo original, independiente. Evidentemente le proporcionaría un gran placer si le apartara de mí y le pusiera donde se encuentran Adler, Jung y otros. Pero no puedo hacerlo; tengo que reclamarle a usted, **tengo que afirmar que es usted un espléndido psicoanalista que ha comprendido el núcleo de la cuestión. Quien reconoce que la transferencia y la resistencia constituyen los centros axiales del tratamiento, pertenece irremisiblemente a la horda de los salvajes"** (....) "No deseo, pues, más que extender los brazos para pedirle su colaboración, y sólo me preocupa la circunstancia de que usted, al parecer, apenas haya superado la ambición banal de quien pretende ser original y aspira a la prioridad. Si usted está seguro de la independencia de sus hallazgos, ¿de qué le sirve detentar además la originalidad? Por lo demás, ¿qué valor puede tener retorcerse por la prioridad contra una generación mayor?".*

Este fue el comienzo de una enriquecedora relación, en la que desgraciadamente el discípulo, subyugado por la honestidad y el valor del maestro, no continuó profundizando ni insistiendo en sus propias ideas, que eran de una intuición extraordinaria. Si las críticas que él le hizo al maestro —llenas de amor, respeto y comprensión— hubieran sido tomadas en cuenta, habrían cambiado el curso del psicoanálisis y hace décadas que se hubiera empezado a desarrollar una medicina verdaderamente holística. Por el contrario, a la visión puramente organicista y causalista de la medicina de esa época **se agregó la visión causalista del psicoanálisis**, que nada tenía que ver con el real planteamiento de Groddeck; un planteamiento visionariamente próximo a lo que en la actualidad postulan las orientaciones holísticas, desde las transpersonales hasta las cuánticas (7).

Freud no aceptaba lo que calificaba de "misticismo" en Groddeck. Le escribe: *"¿Por qué desde su bonita base se arroja usted a la mística, suprime la diferencia entre lo anímico y lo corporal, y se aferra a teorías filosóficas que no vienen al caso? Sus experiencias no conducen sino al reconocimiento de que el factor psicológico tiene una importancia insospechadamente grande, incluso respecto de la aparición de enfermedades orgánicas".* Freud se entusiasmó con este médico, quien por su cuenta hacía hermosos trabajos en los que —**desde los síntomas o la enfermedad ya estructurada**— **conectaba a sus pacientes con toda su persona y con las negaciones o aceptaciones de sí mismos, implícitas en el simbolismo mismo de la enfermedad.** ¿Cómo no aceptar ese regalo tan gratuito y sorprendente?: Groddeck había decidido que eso que él hacía bien podía llamarse psicoanálisis, o que eso que hacían Freud y sus seguidores bien podía tener la misma base que él había sospechado como existente en toda patología. Al aceptar ese regalo, Freud se quedó sólo con la envoltura. Le gustó la idea de que cuadros tan aparentemente alejados de lo psíquico, y con tan evidente componente orgánico, pudieran ser tratados "psicoanalíticamente".

Por otra parte, ¿qué era aquello que realmente Groddeck ofrecía a Freud, y que podía ser aceptado tan abiertamente?: resultados brillantes en terapias físicas, que podían ser atribuidos al psicoanálisis. ¿Se dio cuenta alguien en aquella época —o incluso en la actualidad— del marco referencial que sostenía Groddeck, esto es, que él se permitía hacer depender "lo físico" nada menos que de la *conciencia*? ¿Advirtió alguien que esto significaba un salto cuántico en el mundo de la medicina "científica" al que este médico pertenecía?

Groddeck muestra personas, describe casos y habla de la posibilidad de que todas las enfermedades sean susceptibles de ser tratadas con este enfoque que —de alguna manera— es coincidente con el propuesto por Freud. No le corrige nada al maestro; le aporta casuística y se declara su abierto admirador. Así es como los "cuentos" sobre pacientes —de alguien que empezaba por reconocer que entendía lo básico del análisis— atrapan a Freud. Pero lo místico que ve en Groddeck lo lleva a alejarse y querer salvar a esa "inteligente" persona de eso que considera

un atrape fatídico. Lo acepta —quiera él o no— como psicoanalista, pero no toma en cuenta la hipótesis básica de Groddeck
para su trabajo: el "Ello" que él describe (aun cuando Freud no
ha mencionado esta palabra) reside en el cuerpo y es individual.
*"Temo que con mi Ello, que forma al hombre, que hace que
piense, actúe y enferme, no me haya expresado con la suficiente claridad. Acaso la cuestión se vuelva más nítida si men-
ciono un par de ejemplos"*, le escribía Groddeck a su maestro.

Aquí llegamos al meollo de la dificultad que ha convertido
a la llamada Medicina Psicosomática en un callejón sin salida.
Detrás de ese nombre se oculta una total ceguera y una obsti-
nación en seguir tratando al cuerpo humano como una máquina
en la que lo "físico" de su estructura determina el proceso
de la enfermedad y su supuesta cura. Groddeck consideraba
al ser humano de otro modo: había descubierto la importancia de la conciencia, su primacía. En su modelo no cabía el
pensamiento de que todos los procesos que tienen lugar en el
cuerpo humano se explican por procesos electroquímicos que
suceden dentro de él. Pero a Freud el modelo humano usado
por Groddeck le parecía "místico", y esto era desde todo punto
de vista reprobable... aun cuando funcionara. Sobre todo cuando
con ese modelo se pretendía borrar la separación mente-cuerpo,
haciendo aparecer como ama y señora a una conciencia que,
además, podía estar en cualquier sitio.

¿De qué conciencia se trata? En este punto se hace patente
la lucha irreconciliable entre el cuerpo y el espíritu, como si
estuviéramos en plena Edad Media: lo psicológico, los traumas,
las emociones, los sufrimientos y las alegrías afectan nuestra
psiquis; el espíritu, el alma, están evidentemente en el lado de
lo psíquico y no en el lado material. No son "red extensa". Por
esta vía, Descartes sigue teniendo razón y el mundo se divide
claramente en dos instancias.

Es cierto; de muchas maneras se separan esas instancias;
pero mientras lo orgánico vive, sepamos también que de alguna

manera se juntan. Lo psíquico, como lo divino, puede hacer que lo orgánico reaccione de modos diferentes. Freud prueba cómo en la histeria lo psíquico produce síntomas, parálisis, cegueras... Según este enfoque, nada tienen que ver con esta cantidad de somatizaciones, las características del órgano o del segmento del cuerpo afectado. El cuerpo es un simple esclavo del deseo y el deseo ha surgido de un conflicto y el conflicto está en "la psiquis" y la psiquis está... ¿en dónde? Para Freud es evidente que no está en el alma. El es una persona profundamente antirreligiosa, y la palabra alma le huele a Dios, a lo trascendente; encierra un misticismo que no está dispuesto a aceptar.

El discurso psicoanalítico se impuso: efectivamente se puede probar que hay parálisis sin lesión orgánica que la determine. Algo que, por otra parte, ya había demostrado claramente Charcot, sin aventurar ninguna hipótesis acerca de qué era realmente lo que la producía.

De este modo se fue produciendo el híbrido, sin que existiera otra alternativa: no se habían formulado aún los principios de la física cuántica, ni la teoría de las estructuras disipativas de Prigogine.

Aún hoy estamos bajo el paradigma cartesiano-newtoniano y la ciencia médica estudia al hombre como una máquina inteligente y sensible. Otras ciencias logran crear a imagen y semejanza del hombre increíbles máquinas como esta computadora en la que escribo, a las que pronto se les agregará perfume y "creatividad individual". Mientras tanto, aumenta la importancia atribuida a factores psicológicos en la etiología, desarrollo y evolución de más enfermedades. Especialmente, en aquellas en las que los tratamientos médicos y quirúrgicos fallan. Y es así como cada vez con más frecuencia, los tratamientos médicos se apoyan con tratamientos psicológicos, en un esfuerzo desesperado por reconstruir la unidad del ser humano, dividido sistemática y permanentemente.

¿Nos damos cuenta de que por este camino sólo hemos conseguido dividir a la persona? Cuanto más compleja y desafiante para la ciencia médica es una enfermedad, más especialistas intervienen en el enfoque y tratamiento. Cada uno puede mirar exclusivamente desde su perspectiva y, por consiguiente, ver sólo la parte que conoce o cree conocer.

Parece una obviedad reconocer que mientras más partes tiene un todo, más dividido está. Sin embargo, esa división hecha desde la mirada del otro no impide que en cada célula de ese cuerpo se pueda reconocer y denunciar la presencia de toda la persona. Este descubrimiento no puede ser útil solamente para descubrir a un asesino. *Es útil también para saber que en cualquier parte de nuestro cuerpo estamos enteros, y por lo tanto, podemos permitirnos escuchar aquella parte que se declara en rebeldía o en huelga, y nos hace chillar de dolor, o incluso sin el menor aviso nos amenaza de muerte (lo cual es, obviamente, un suicidio para ella).*

¿Qué puede estar pasando con nosotros, o qué ocurre alrededor, para que una parte nuestra prefiera morirse antes que seguir? El hecho de que los otros nos vean "por partes", tal vez se deba a que ni siquiera nosotros mismos hemos querido vernos enteros. Seguimos peleando con la medicina, con los fármacos, con el maltrato..., y no hacemos el mínimo gesto para reposeer nuestro cuerpo. Tienen que enseñarnos a movernos, a comer, a activar nuestros músculos, a todo.

El verdadero Darse Cuenta tiene que empezar ahora, y se refiere a los reales mensajes que nuestro cuerpo nos envía. Para ser escuchado, es posible que el cuerpo sólo necesite quitar todo el ruido ambiental y no ser distorsionado en su quehacer por voces que llegan desde todas partes y lo quieren organizar según sus propios deseos y necesidades.

Tal vez los primeros que tengamos que pelear por ese silencio seamos aquellos a quienes el ser humano recurre pidiendo ayuda. Espacio y tiempo es lo primordial para que el caos se organice, y esto no lo tienen ni los pacientes ni los médicos.

El médico tiene que suplir la falta de espacio y tiempo por aquello que denomina "conocimientos" o "experiencia". ¿En qué consiste esa experiencia sino en una especie de magia desarrollada cuando ese médico era aún un aprendiz de brujo y todavía podía tomarse tiempo haciendo una sutura en una Asistencia Pública? Fue durante esa etapa cuando uno se daba cuenta de todo lo que "no sabía", cuando lo imprevisto lo hacía dudar, cuando era obvio que, para lograr la seguridad de aquel a quien oíamos decidir cerca de nosotros, teníamos que escuchar menos y ver menos. Como si nos dijéramos: no es posible que un árbol no te deje ver el bosque; es preciso no ver los detalles ni escuchar la cháchara inútil... Es en este punto donde La Enfermedad se transforma en la mejor aliada; esa información que se tiene sobre los "síntomas" y los "signos" se erige en lo *único* que le permite al médico orientar la mirada y la escucha.

Así fuimos enseñados no sólo los médicos, sino también los psicólogos, los ingenieros, los maestros, los técnicos, todos: es nuestro *conocimiento* el que nos orienta y nos hace decidir qué es lo primordial, por dónde tenemos que empezar a organizar el caos. No "podemos" tomar en cuenta a quien tiene que proporcionarnos los datos: ese informante es una persona angustiada, abatida, consciente sólo de lo que *no* es. Esa persona no está presente.

Este es el callejón sin salida de la medicina actual y de todas las profesiones que tienen que ver con dolor humano: la persona enferma es un mero informante, poco confiable. Y los profesionales de la salud no tienen otro camino que hacerse "especialistas" y calmar sus angustias perfeccionando técnicas.

Afortunadamente, no todos pueden o quieren seguir ese camino. Los que día a día tienen que enfrentarse con la creciente demanda de atención de seres humanos despojados de su humanidad por la ignorancia de sus propias posibilidades, tendrán que darse cuenta que están en un "zapato chino". Si lo hacen, advertirán que su aporte a la salud del pueblo no pasa por aumentar o mejorar sueldos, condiciones de todo tipo o centros asistenciales. Tal vez el único aporte posible consista en desarmar el fastuoso Edificio Científico en el que los humanos esconden su omnipotencia y falta de fe, y hacer algo efectivo para que las personas sepan que son dueñas de su cuerpo. Así, quizás advirtamos que las llamadas "ciencias humanas" han estado negando la verdadera revolución científica y el cambio de paradigma en el que ya estamos inmersos. Gary Zukav (49) lo explica con notable precisión:

"Estamos contemplando, quizás, el mayor compromiso de nuestra historia. Entre el potente ronquido de los aceleradores de partículas, el cric de las impresiones de las computadoras y el baile de los más sofisticados instrumentos de la civilización, la vieja ciencia que tanto nos ha dado —incluso nuestro sentido de impotencia ante las fuerzas sin rostro de lo grandioso— está minando sus propios fundamentos. Con la pavorosa autoridad que nosotros mismos le hemos dado, la ciencia nos dice que pusimos nuestra fe en algo erróneo. Se tiene la impresión de que todos nosotros hemos intentado algo imposible: renegar de nuestra participación en el Universo. Y hemos querido hacerlo traspasando nuestra autoridad a los científicos. A ellos les dimos la responsabilidad de demostrar lo misterioso de la creación, de los cambios y de la muerte, para reservarnos nosotros la rutina cotidiana de una vida sin cerebro. Los científicos aceptaron su tarea. Nosotros, la nuestra, que consistía en representar un papel de impotencia frente a la siempre creciente complejidad de la "ciencia moderna" y la cada vez mayor complejidad de la moderna tecnología.

"Ahora, al cabo de tres siglos, los científicos regresan con sus descubrimientos. Y se sienten tan asombrados y perplejos (por lo menos aquellos preocupados por lo que estaba sucediendo) como nosotros mismos. 'No estamos seguros —nos dicen—, pero hemos reunido pruebas que indican que la clave para la comprensión del universo eres tú'.

"Esta forma de contemplar el universo no es sólo distinta a la que hemos venido empleando en los últimos trescientos años, sino opuesta. La distinción entre el 'aquí adentro' y el 'allí afuera' en que se fundaba la ciencia, se está haciendo cada vez más confusa. Hemos llegado a un estado de cosas en el que no sabemos cómo resolver el rompecabezas. Los científicos, que utilizaban la distinción entre 'adentro' y 'afuera', ¡han descubierto que es posible que tal distinción no exista! Lo que está 'allá afuera' aparentemente depende, en un riguroso sentido matemático y filosófico, de lo que nosotros decidamos 'aquí adentro', con lo que el 'allá afuera' es ilusión".

Pienso en la llamada "ciencia psicológica", tratando de describir al hombre y su comportamiento, tomando algunas hipótesis y desechando otras. O en la "ciencia médica" haciendo otro tanto. Y resulta que las más elementales enseñanzas que alimentaron nuestra imagen del mundo no eran reales. No existía nada parecido a esa representación del átomo que nos enseñaron en la escuela. Esa cosa redonda, con un núcleo, protones y electrones, era un modelo supuesto, el modelo de Rutherford de 1927, que quedó absolutamente obsoleto. No, así no era ni podía ser representado el átomo. Se rechazó el modelo de Bohr... Y nosotros, los legos, los que alguna vez hemos creído que se podía entender algo que fuera "científicamente" demostrado, ¿dejamos de lado esos modelos? ¿O seguimos pensando en el átomo como esa pelotita o esfera ínfima en su tamaño, pero indudable en su existencia?

Durante años yo —como tantos otros— había creído en esas verdades "científicas". Cuando percibí la certeza con la que incluso había podido explicar a otros el qué y el cómo de algo como los átomos, que nunca fueron "cosas" reales..., empecé a ver el mundo de un modo diferente. Acerca de nada tuve ya la certeza ni la duda que antes había experimentado. Desde mi ignorancia básica, todo comenzaba a ser posible. No me sorprendí, entonces, cuando supe que los átomos eran *"entes hipotéticos construidos para hacer inteligible las observaciones experimentales. Nadie, ni una sola persona ha visto jamás un átomo. Sin embargo, nosotros estamos acostumbrados de tal modo a la idea de que un átomo es una cosa, que nos olvidamos que es una idea. Ahora se nos dice que el átomo no sólo es una idea, sino que se trata de una idea que nunca podremos representar"* (52). En este punto es donde volví la mirada a lo que más profundamente me había impactado por la perfección en el diseño, en la organización y especialmente en la exacta coordinación de sus funciones: el *cuerpo humano.* Y surgieron los cómo: cómo ocuparnos de qué nos pasa; cómo ocuparnos del mundo; cómo existir sin saltarnos esto que también somos; cómo entender los mensajes de esto que sí existe: nuestro cuerpo.

Desde el diálogo con el cuerpo y con sus partes, aprendí lo limitante y restringido que era el concepto biomédico que se manejaba, y hasta qué grado se habían cerrado nuestras perspectivas, buscando causas y definiendo el futuro desde el pasado, casi sin vivir el presente.

Durante mucho tiempo las explicaciones que habíamos tenido para todo fueron claras, siguiendo ciertas reglas del pensamiento lógico a posteriori. En la medida en que nos describíamos a nosotros mismos como bien programadas computadoras, le agradecimos profundamente a Freud la mano que nos dio al completar ese set de explicaciones que nos ponía a cubierto de la "magia" o la ignorancia. Y es que Freud fue el último genio de la medicina de la era pasada, cuando la asimilación del hombre a una perfecta máquina llegó a su culminación. El le agregó sentimientos e individualidad a esas máquinas que éramos; describió una parte esencial, que había sido dejada en el olvido: la psiquis y la vida emocional.

Después de Freud nada nuevo ha sido descubierto. Ninguna otra parte esencial de la "máquina humana" se ha incorporado.

Todos los nuevos descubrimientos son modos distintos de reparar, administrar, alimentar, destruir, conservar, reproducir, cambiar..., la misma máquina.*

El hombre cree que conoce todo, porque es capaz de intervenir en los procesos y formas que ve y describe. Frente a la naturaleza que estudia, la medicina moderna no ha podido tener el respeto que tienen los físicos que operan con partículas invisibles. El ver y tocar, el estar en contacto con procesos macroscópicos y poder intervenir en ellos, le ha hecho sentirse poderosa y omnipotente a la ciencia médica. Esto ha ocurrido con todos los que se convirtieron en "especialistas", y por lo tanto también con los psicólogos y psiquiatras que, aunque Freud no lo hubiera querido, son especialistas en uno de los sistemas de la máquina humana.

En este contexto, no es sorprendente que la lejanía y el silencio me hayan permitido darme cuenta del compromiso con la totalidad.

---

* Al decir que nada nuevo se ha agregado al conocimiento de la máquina humana, me refiero a su estructura y forma. Ya que dentro de la misma se han hecho los monumentales descubrimientos del sistema inmunológico y los neurotransmisores, que podrían cambiar todas las hipótesis del psicoanálisis. (30, 38)

Capítulo III

El llamado enfoque psicosomático

Ya al cursar psiquiatría, en la Escuela de Medicina, el profesor Ignacio Matte (33) nos decía que el término "psicosomático" era una redundancia: no se necesita mencionar unido en dos palabras lo que, de suyo, está unido. Y sucede que ahora habría que admitir que hay un "cuerpo neurótico", un "cuerpo psicótico" y otro "cuerpo psicosomático" (31). Esto supera la comprensión de cualquiera.

Sin embargo, en la práctica, durante muchos años no me pude sustraer a esa espeluznante división. Los pacientes venían a hablarme de sus "conflictos psíquicos", y esto tenía que ver con sus problemas. O bien hablaban de sus "enfermedades", luego de que un clínico decidiera que se trataba de una afección psicosomática. A veces, "equivocadamente" llegaba a la consulta psiquiátrica un paciente que un clínico "inexperto" había diagnosticado como depresión, sin descartar en primer término un cuadro orgánico. Entonces uno se esmeraba en corregir el error y mostrar cuánto sabía de medicina.

Me acuerdo del orgullo que experimenté al devolver al hospital a un paciente que habían mandado por una posible depresión. Mi diagnóstico entre signos interrogativos decía: "¿enfermedad de Addison?". Cuando se confirmó mi diagnóstico, me sentí muy satisfecha. Cómo se llamaba esta persona, qué significaba para ella enfrentar esta enfermedad, es algo que no recuerdo: el deseo de mostrar que tenía mejor "ojo clínico" que otros lo invadió todo.

Así eran las cosas: los clínicos no se hacían cargo de lo psíquico, y nosotros —los psiquiatras, psicoanalistas, terapeutas— no nos hacíamos cargo del cuerpo... Me horroriza ver cuánto hemos contribuido a enajenar y dividir al ser humano. Y lo seguimos haciendo: seguimos peleando por partes, por verdades, por ver quién tiene más poder o logra una comprensión más total o eficiente. ¿De qué? ¿De quién?

Dice la psicoanalista lacaniana Joyce Mc Dougall: *"¿Qué ocurre con el psicoanalista? ¿Necesita que le recuerden que el analizado no es una pura estructura psicológica? ¿Y que no está moldeado únicamente por la palabra? ¿Con qué oído oye el psicoanalista el cuerpo de sus analizados y los mensajes mudos del soma?"*.

Hermosas y verdaderas preguntas que no se formulan muchos terapeutas neofreudianos, gestaltistas, transpersonales. Existe una salvadora respuesta que se dan ellos y también "los otros": "De ningún modo el psicoanálisis se sitúa como especialista en el campo psicosomático" (31).

La verdad es que el abandono que ha sufrido el ser humano que se acerca a otro ser humano en busca de cura, es universal. Este abandono es proporcional a las filigranas de perfección y a las técnicas desarrolladas por la medicina para penetrar en las más complejas relaciones biológicas, químicas o estructurales que puedan explicar diversos trastornos. Para andar este camino hemos contado con una gran muleta, una palabra que lo cubre todo: *psicosomático*. En ella condensamos, apresamos y encerramos de un modo casi definitivo nuestro olvido del hombre y de la totalidad que nos trasciende. Sin embargo, ha habido voces que, desde cualquier militancia (gestáltica, psicoanalítica, conductista...), reclamaron la totalidad. Y es que, no importa las elevadas disquisiciones filosóficas o espirituales con las que acompañemos a nuestros pacientes, vemos que habita en un cuerpo que lo limita y posibilita. Más aún: vemos que posiblemente —como pensaba Groddeck— cada célula de ese cuerpo tiene conciencia de la totalidad.

Cuando, pese a las insistencias de Groddeck, Freud describió todo un aparato psíquico separado de lo somático, estaba cultivando la separación entre soma y psiquis. Mejor dicho, la ratificó y acentuó. Desde entonces no podemos sorprendernos del olvido en que ha caído el cuerpo para los terapeutas en general. Especialmente cuando una gran mayoría de ellos no ha experimentado un contacto profundo con aspectos biológicos (contacto que sí tuvo Freud).

Para mí, Perls fue la primera persona que se preocupó por combatir la enajenación del propio cuerpo. Denunció ese hablar en tercera persona que usamos al referirnos a nuestro cuerpo o sus partes: *la* cabeza, *el* estómago, *el* hígado..., en vez de decir *mi* cabeza, *mi* estómago o *mi* hígado. Desde el lenguaje, nos obligó a reposeernos, a no ponernos en manos de otro como un paquete que no sabemos lo que contiene. (40)

Cuando la gestalt me enseñó a hablar con los personajes u objetos de los sueños, y a darme cuenta de las polaridades o aspectos de mí misma que ponía en otros (la famosa "proyección" que en psicoanálisis no es fácil de entender), empecé a hablar con los diferentes órganos, especialmente con aquellos que eran acusados de enemigos por las personas que venían a terapia.

Mi interés, y el de todos los que colaboran conmigo, es iniciar este rescate del cuerpo, porque no queremos hacer de la gestalt una tumba similar a la de lo "psicosomático". Se habla de la Gestalt como una terapia corporal, se dice que "toma en cuenta" el cuerpo..., y sin embargo esto no ocurre cuando se trata de síntomas o enfermedades. En este punto, la gestalt no se diferencia de cualquier otra terapia comprensiva: establece relaciones entre determinadas situaciones conflictuales y la aparición de síntomas y, muchas veces, interpreta al más puro estilo psicoanalítico las afecciones psicosomáticas más frecuentes. Mientras tanto, como los gestaltistas —al igual que los psicoanalistas— no son especialistas en estas afecciones, ellas siguen siendo terreno de nadie.

De este modo arribamos a lo que sucede en la actualidad: los clínicos se sienten muy tranquilos y progresistas cuando incluyen en un equipo médico a un psicoterapeuta —mejor aún si es "corporal"—, y así se forman los equipos multidisciplinarios, en los que lo *múltiple* es el número de personas que ven por partes a un mismo sujeto, y que terminan o empiezan como el cuento de *Los ciegos y el elefante.**

El psicoterapeuta tiene que no temerle al cuerpo, tiene que saber que se puede contar con él, porque está hecho de tal modo que es óptimo para lo que de él esperamos. Todo esto podemos y debemos aprenderlo, porque para que realmente podamos facilitarle a otra persona que se conecte con su cuerpo, tenemos nosotros que empezar a vivenciar el propio. Sin embargo, sabemos más de autos y motores que de nuestro propio cuerpo. Esta ignorancia, esta negación, nos está llevando a los gestaltistas a traicionar a Perls del mismo modo en que, al decir de Pontalis (42), hicieron los psicoanalistas con Freud.

Es preciso que las personas sean realmente tomadas como tal, y esto no se consigue agregando aún más datos a la información que la persona está dando sobre su cuadro clínico o sus síntomas. Lo que hace falta es que ella, de mero "informante" pase a ser "actor principal". Es al paciente, al que tiene los

---

* Se trata de un cuento sufis en el que un grupo de ciegos entra en una habitación donde hay un elefante y después deben describir lo que había según la parte que cada uno tocó.

síntomas, a quien debemos ver. No a la enfermedad, que una vez que aparece se transforma en *prima donna* y ya no hace falta ni el paciente para ocuparse de ella. La enfermedad es el centro de las reuniones; es lo primero que ve el médico cuando se acerca al paciente. Así pierde definitivamente la pista que puede llevar a encontrar el verdadero sentido y significado de *esa* enfermedad para *esa* persona, en *ese* momento, y en *ese* órgano.

Si, como dice Ivan Illich (26), la medicina ha "expropiado la salud", habrá que admitir que la responsabilidad viene de ambas partes: de la medicina y de sus usuarios. Las personas llegan a la consulta en un estado tal de indigencia e ignorancia acerca de sus posibilidades, que al médico no le es muy fácil pensar que esa persona puede hacerse responsable de su cuerpo: el paciente sólo quiere que ese "algo" que es su cuerpo deje de quejarse. Es una persona *consciente sólo de lo que no es*.

Es cierto, también, que la velocidad que el sistema les impone a los médicos para atender no les da tiempo casi para decir ¡hola! De este modo, cada vez informan y educan menos a las personas, pero, aun cuando puedan hacerlo, la mayoría no cree que valga la pena. Y enseñar cuando no creemos que el alumno esté entendiendo es, obviamente, una pérdida de tiempo.

Por uno u otro camino, en nuestra cultura se supone que el que "sabe" es el médico; sin embargo, en el sentido que aquí atribuyo a "saber" —saber comunicarse con el cuerpo que somos—, los médicos son tan ignorantes como cualquiera. Conocen más, es cierto, de la anatomía y fisiología humanas, pero no saben escuchar al cuerpo sano, y menos aún al enfermo. Tal vez por eso el cuerpo mismo de los médicos y de sus hijos busca modos menos obvios de expresarse que el del resto de la población. La expresión tan corriente que afirma *¡hijo de médico!*, seguramente alude a lo difícil del diagnóstico en estos casos. Acostumbrados a movernos entre enfermedades y síntomas, cuando un hijo nuestro se queja de algo, muy rápidamente sabemos los médicos si es importante o no, y le damos alguna explicación satisfactoria. Para escucharlo —y escucharnos—, es necesario que ocurra algo capaz de sorprendernos o intrigarnos.

Aun con su compleja teoría, ya hemos visto lo fácil que fue popularizar el psicoanálisis. Lo que tal vez no se advierte es que, junto con el psicoanálisis, hemos popularizado más "lo que enferma" que "lo que cura" (42). No hagamos lo mismo con la gestalt; no la difundamos como una terapia corporal más, y para colmo, manca y coja, ya que ni siquiera sabemos a qué nos referimos cuando hablamos de somatizaciones. Corremos el riesgo de tener que decir, dentro de 50 años, lo que actualmente dice Joyce Mac Dougall: *"En resumidas cuentas, el cuerpo del que se habla, del que se es consciente, no es nada más que un sistema de hechos psicológicos"*.

Todo esto percibió Perls en su análisis. Fue lo que lo impulsó a idear diferentes modos de hacer *sentir el cuerpo*, para que nos demos cuenta de qué sensación o postura acompaña a nuestro decir, y se vuelva evidente un lenguaje distinto de ése que hablamos, que está procesado por nuestra corteza y modificado por todos los condicionamientos adquiridos a lo largo de la vida.

Las personas enfermas de "afecciones psicosomáticas" han aumentado mucho (¿habría que suponer que las personas enfermas "somáticas" han disminuido mucho?). Paralelamente, también han aumentado las teorías y los fármacos para tratar esas afecciones. Pero si continuamos inmersos en el mismo sistema y con los mismos métodos y el mismo enfoque mecanicista de varios siglos atrás, es imposible que algún cambio verdadero ocurra. Hay algo sorprendente en esto: la rigidez y la firmeza de las ideas —junto con lo selectivo de la escucha— de más de una generación de terapeutas y médicos que han seleccionado la información de modo tal de seguir, al igual que caballos dotados de anteojeras, por el mismo camino trazado desde la física por Newton.

Reconozcamos que el camino newtoniano era atractivo: todo se podía predecir con un grado asombroso de exactitud, y sólo cabía ir desenterrando verdades que aparecían definitivas y totales. Obviamente, no se desenterró todo lo posible: la velocidad con que se deja espacio para lo nuevo es siempre menor que aquella que se utiliza para deshacerse de lo viejo. En Freud, por ejemplo, escuchamos muy bien todo lo que nos llevaba por ese camino seguro, pero no fuimos capaces de escuchar algunas de sus afirmaciones —basadas en observaciones geniales—, en las que con total naturalidad se saltaba la famosa "causalidad" que todo lo limita. El usó el término *organsprache* para aludir a *"una clase particular de sprache, o lenguaje que se ejerce con los órganos, o que los órganos ejercen"* (6).

Los psicoanalistas conocen esta aproximación de Freud; como es lógico, la incluyen dentro de la teoría y extraen conclusiones apoyados en decires del maestro. Luis Chiozza, por ejemplo, sostiene: *"Los órganos pueden, entonces, como los 'síntomas' histéricos (Freud, 1895a, 1896b, 1918), intervenir en la conversación (mitsprechen) mediante los síntomas y signos que derivan de sus alteraciones"*. Agrega, más adelante: *"Para que el órgano hable es necesario que el psicoanalista pueda contraparticipar en la conversación, a partir de la conciencia de su contratransferencia, teñida con la especificidad de cada uno de los órganos y cada uno de los trastornos que le impone"*.

Es desde esta perspectiva —casi como si se hubiera encontrado un nuevo virus o microbio que se instala en el órgano y lo enferma— que la Medicina Psicosomática llegó a ver y describir la proyección de los conflictos y/o síntomas psíquicos en el órgano afectado. Sucede que ya desde Hipócrates se tomaba en cuenta el factor psicológico en la etiología de las enfermedades (8), y esto no ha pasado de ser un elemento más en las determinantes posibles de un cuadro clínico. En este sentido, todos los aportes no nos acercan ni remotamente a una comprensión holística de la persona ni de la posible afección que padece: el modelo en que se basan es absolutamente mecanicista y *"aunque la medicina psicosomática ha intentado trascender el estricto reduccionismo, sigue exhalando un aroma inconfundiblemente fisicalista"* (10).

Cuando no se aceptan, y ni siquiera se intentan conocer, los nuevos aportes en el campo de la biociencia o los aportes revolucionarios de la física moderna, cuando se sigue un esquema absolutamente mecanicista del ser humano —cuyo cuerpo se toma como una máquina—, es imposible no dar una preeminencia absoluta a lo físico sobre lo mental o lo psíquico. Con ello, se torna cada vez más definitiva la separación de estos aspectos.

¿Qué ha pasado, que los revolucionarios postulados de la física cuántica no se han popularizado?

¿Por qué no se enseña —o no se quiere aprender— que, por ejemplo, *"la memoria de la célula es capaz de sobrevivir a la célula misma"*, si en todos los periódicos del mundo se publican las discusiones sobre la ética de la conservación de células genéticas y la reproducción in vitro, y se sabe que lo que se conserva idéntico es la "información" genética?

¿Qué ha pasado que no se puede aceptar el nivel de unión, de sincronicidad, de cuerpo y mente? ¿Cuán fuerte fue el condicionamiento a que hemos sido sometidos, que seguimos manteniendo una fe tan ciega en todo lo que podemos "ver" y, llevados por ella, llenos de amor y de compasión, somos capaces de condenar a muerte a una persona porque un examen de laboratorio nos da una prueba "irrefutable"?

La Medicina Psicosomática es una gran pantalla que encubre uno de los fracasos más dramáticos de la medicina. Se agrandan servicios, se agrega personal "especializado" en equipos oncológicos, se organizan congresos en los que se reconoce el *factor psicológico* en el cáncer o en el asma, en los embarazos tubarios, en la úlcera, en los accidentes automovilísticos... ¡La psiquiatría y la psicología ganaron la batalla!: ya no hay un cuadro clínico donde no se *reconozca* el factor psicológico. Finalmente lo psíquico forma parte del ser humano. Ningún hospital que se considere moderno y bien equipado deja de tener un Servicio de Medicina Psicosomática. Sin lugar a dudas, sus especialistas saben de los apabullantes descubrimientos de los últimos decenios. Saben de los neurotransmisores que comunican a todo el cuerpo nuestros deseos e intuiciones, saben que ninguno de estos acontecimientos queda confinado en el universo cerebral. Asimismo, ninguno es estrictamente mental, ni puede codificarse en mensajes químicos. Y sin embargo, no han podido salirse del atrapante enfoque médico, que insiste en llamarse científico, y que los ha obligado a construir un híbrido con el cual claramente saben que no aumentan la sabiduría del cuerpo ni contribuyen —como era el sueño de Freud— a dar más libertad al hombre, a hacerlo menos dependiente y esclavo del otro.

Algo ha pasado, que impide al ser humano creer en lo que no ve. No sólo no puede creer: ni siquiera puede imaginar alguna teoría que salve la monstruosa división a la que tiene que apelar para seguir explorando y manipulando el interior de los cuerpos vivos. Sin embargo, a los médicos que hicieron hipótesis, teorías y más tarde descubrimientos reales acerca de lo que pasaba en el interior del ser humano, no los torturaron ni mataron por brujos, como a Copérnico, cuando osó decir que la Tierra no era el centro del Universo.

Diez años después que Descartes se iluminara, William Harvey publicó su hermoso libro *Estudio anatómico del movimiento del corazón y de la sangre en los animales* (21). Aun cuando este título menciona a los animales, Harvey demuestra desde el inicio —con bastante respeto y consideración hacia el Presidente del Colegio Médico de Londres— que sus descubrimientos se refieren al hombre vivo. Dice: *"Y como este libro es el único que afirma que la sangre pasa repetidamente por*

*un nuevo camino, totalmente diferente del trillado y aceptado
desde tan innúmeros siglos de años e ilustrado por clarísimos e
ilustrísimos varones, si sin más lo hubiera entregado al público,
y lo hubiera mandado a imprimir allende los mares, hubiera
despertado gran recelo y ni siquiera se hubiera sospechado
que con anterioridad lo tengo expuesto ante vosotros y lo he
venido perfeccionando en los últimos años".*

Hay pruebas de que su opinión data de 1616. Hasta antes
de sus estudios, se creía que nuestro corazón estaba dividido:
en el corazón derecho había sangre y en el izquierdo, espíritus.
Se discutía sobre la formación de estos espíritus; algunos pen-
saban que estaban compuestos sólo por aire y otros, por sangre
y aire. En este contexto, impacta cómo Harvey habla de un
sistema perfectamente circular, describiendo los movimientos de
circulación de la sangre *sin haber hecho jamás una disección.*
Sí había realizado autopsias y demostrado una aguda capacidad
de observación: al ver cómo "carneaban"* a los chanchos, pudo
medir o calcular la cantidad de sangre que circulaba y la relación con el peso del animal. En esa situación, se dio cuenta
de que los hombres le daban al cerdo un fuerte golpe en la
base del cráneo, con el propósito de aturdirlo; luego le hacían
una incisión en la arteria yugular, para recibir en un recipiente
toda la sangre. El animal no despertaba del golpe, y su corazón
seguía funcionando y mandaba sangre a las arterias. Si, por el
contrario, se mataba al animal por cualquier medio, el corazón
dejaba de latir y no se podía utilizar su sangre. Era obvio: *el
corazón no dependía de la cabeza para su funcionamiento.*

Sorprende que las notables observaciones de Harvey fueran
contemporáneas de la obra cartesiana. Si Descartes hubiera
estado más en contacto con su propio cuerpo —como los

---

* Este término se usa actualmente en Chiloé, donde vivo, para designar precisamente a la transformación de un animal vivo en carne para el consumo. La
operación se realiza del mismo modo que el observado por Harvey.

filósofos griegos de la antigüedad— tal vez se habría enterado
del descomunal descubrimiento de Harvey y habría sido menos
categórico al separar espíritu y materia. Una separación que ha
llevado *"a los científicos a tratar la materia como muerta y
separarla de ellos mismos"* (7).

Las explicaciones que el hombre puede encontrar, o aquellas
a las que puede acceder, generalmente parten de una convicción o, como dice Einstein, de un "modelo". Es ese marco de
referencia el que, en gran medida, determina nuestras observaciones. Al parecer, en 1618 era universal el modelo basado
en la necesidad de ordenar, separar y clasificar, basándose en
un misticismo claramente directivo: el bien y el mal como
opuestos irreconciliables. Por el contrario, toda la cultura y
el misticismo de Oriente apuntaban —y apuntan— hacia una
indiscutible vigencia de las polaridades.

"En las raíces mismas del pensamiento y del sentimien-
to chino reposa el principio de polaridad, que no debe
confundirse con los conceptos de oposición y conflicto.
En las metáforas empleadas por otras culturas, la luz
está en lucha con la oscuridad, la vida con la muerte,
lo bueno con lo malo, lo positivo con lo negativo; así,
a lo largo y ancho del mundo florece un idealismo que
pretende cultivar el primero y verse libre del último.
Para el modo de pensar tradicional chino, esto resulta
tan incomprensible como la existencia de una corriente
eléctrica sin sus polos positivo y negativo, puesto que
el concepto de polaridad se basa en el principio de que
'más' y 'menos' , norte y sur, son aspectos diferentes
de uno y el mismo sistema; la desaparición de uno de
ellos significa la desaparición del sistema" (45).

En medicina tuvimos —ya desde el siglo XVII— la posibilidad
de acceder a un sistema circular donde a nadie le impresionó

que la sangre venosa (supuestamente mala y sin espíritus) se transformara en arterial (supuestamente buena y con espíritus).* O a la inversa. ¿Qué ha hecho que luego hayamos seguido explorando el cuerpo humano de un modo tan brutalmente mecanicista? ¿Se deberá, acaso, al permiso de la Iglesia para hacer disecciones, y considerar —gracias a Descartes— que el cuerpo separado del alma es un objeto, y que los objetos no tienen vida?

Ya no importa cómo ocurrió. Lo cierto es que estos 300 años que llevamos tratando de arrancarle —como sea— todos sus secretos a la Naturaleza, nos han conducido a una explotación de la Tierra y del hombre que nos acerca peligrosamente a una destrucción total. En cuanto a la medicina, hecha para curar al ser humano, en realidad lo despoja cada vez más de su humanidad. Mientras tanto, la otra medicina, la que agregó el prometedor apellido de "psicosomática" a su nombre, no ha encontrado un método que nos acerque a la persona y al posible sentido y significado de la enfermedad. Está orientada por el psicoanálisis, y cae en la misma perspectiva y enfoque de todo el psicoanálisis: *el psicoanalista tiene que descubrir qué conflicto proyecta el paciente en el órgano enfermo.* He aquí que el atisbo genial de Freud no puede seguir siendo explorado por la limitación del método: algo permanece siempre fijo y es lo que impide el crecimiento. Todo hablar del paciente es con el psicoanalista.

Tal vez sea en este punto donde con mayor nitidez podemos ver lo positivo de los nuevos tiempos, los cambios —aparentemente pequeños y, sin embargo, geniales— producidos por los aportes de los discípulos a los maestros. Me refiero a Freud, un docto y serio maestro, venerado, escuchado y seguido, y un discípulo, Perls, más neurótico, que trató de mejorar con psicoanálisis, que percibió la limitación que estaba implícita ya

---

* A pesar de que en ese tiempo no se había descubierto aún la circulación pulmonar.

en el discurso causalista de los que lo rodeaban, y salvó su vida por esa capacidad de darse cuenta. Si Perls no hubiera huido de Europa cuando sobrevino la persecución nazi, nadie hubiera ido a sacarlo casi a la fuerza, como ocurrió con Freud, quien pretendía permanecer en Viena sin aceptar que el nazismo era imparable y que, de hecho, lo incluiría, como incluyó a sus dos hermanas, que murieron en un campo de concentración.

Todo lo que empezó a ver Perls tuvo que ver con un modo de permitirse cambiar el método de explorar o de acercarse a las personas. ¿Cabe alguna duda de que aquella percepción de Perls en cuanto a la ferocidad nazi era absolutamente certera y con una proyección sorprendente? Era más joven que su maestro y estaba dispuesto a hacer cualquier cambio para salvar su vida y la de algunos seres cercanos. Los alemanes ya lo habían comprometido en la Primera Guerra Mundial y le habían dado una Cruz por su valor. ¿Levantar del diván a un paciente en contra de las reglas? Es posible que hasta haya intentado hacer psicoanálisis con un paciente tendido a los pies de su cama, durante los meses en que estuvo escondido o huyendo de los nazis en Amsterdam.

Por el contrario, Freud tenía un tremendo desarrollo de su capacidad de escuchar, conceptualizar y abstraer a partir de lo que una persona hablaba en su presencia, y obviamente no era muy permeable a las ideas venidas de otros, más aún cuando tenían un leve tinte fanático. Bastaba que las ideas estuvieran algo cargadas emocionalmente para que él las sopesara mucho. No..., él no creyó hasta muy tarde el "cuento" de los nazis. Su método resultó acorde con sus características personales, y no podía ser de otro modo: nadie inventa algo que le sea difícil realizar. Lo que sucede es que con el mismo método, o con pequeñas variaciones, no podemos hacer los cambios que los tiempos requieren.

Podemos seguir eternamente buscando causas psicológicas que expliquen el comportamiento de un órgano o enfermedad.

Lo concreto es que toda la medicina es psicosomática y toda la medicina está en crisis.

Este es el punto más claro y obvio para cualquier enfoque: no se puede ir más lejos que lo que el método lo permite, y generalmente el método está sujeto a la teoría del mundo que nos sustenta. Si creo que la única forma para llegar a un sitio es este camino recto que tengo frente mí, creeré que cualquier apariencia de camino a los lados puede llevarme a un laberinto sin salida; jamás me aventuraré o perderé mi tiempo en exploraciones riesgosas. No obstante, con una mente abierta, toda nuestra visión del mundo podría cambiar ante cada descubrimiento del *cómo* o el *qué* de un funcionamiento que nos parece sorprendente. Esa es la mente Zen, la mente del principiante, la sabiduría de quien mantiene "la inocencia después de la experiencia".

Es penoso ver los esfuerzos que hace el hombre por ser inteligente y hábil, por tener razón y no equivocarse, y si se equivoca, por ser capaz de demostrar lo contrario. Esto puede ser útil para los políticos: se supone que ellos manejan las creencias y expectativas de muchos, y tal vez no tienen el mandato de "dejarse convencer" por argumentos o demostraciones de un oponente. Pero nosotros estamos en una disciplina en la que no representamos los deseos o expectativas de nadie. Somos una oreja que facilita la escucha de otro.

Nuestra misión es ayudar a que el demandante se dé cuenta —en primer término— de que lo que le ocurre tiene que ver con él mismo, y que por grave o complicado que parezca, eso que le ocurre está diciéndole algo definitivamente importante para su vida. Es en este punto donde —si no queremos seguir dividiendo al hombre— el quehacer médico está indisolublemente unido al quehacer psicológico. Y es en este punto, también, donde escuchar directamente a los órganos, sistemas o partes del cuerpo que se quejan, puede hacernos posible la tarea. Esta escucha es la que podemos perfeccionar. Esta es nuestra tarea básica.

La Medicina Psicosomática nunca pudo resolver el enigma de la elección de órganos en diferentes enfermedades. La teoría de la medicina clásica del "locus minoris resistentiae"* nunca fue aceptada. Ni siquiera el más obvio pensamiento analógico permitió relacionar, por ejemplo, los ovarios y los testículos con los pulmones. Aunque cualquiera podía saber que estos últimos eran el mayor órgano de contacto que teníamos en el cuerpo, y los ovarios y los testículos producían las células capaces de establecer el más íntimo y definitivo contacto.

También a los órganos se los despersonalizó; ni siquiera un resto de admiración por lo bien diseñados y organizados que están para cumplir con sus funciones, y la extrema armonía que logran mantener entre ellos, permitió captar los mensajes globales que van revelando cómo cada enfermedad o síntoma no pudieron haberse expresado de un modo más claro en otro órgano que en el que lo hicieron.

En el capítulo que sigue trataré de ir mostrando cómo es posible conectarnos de un modo más vivo y verdadero con este cuerpo que somos, y desde ahí aprender a escuchar los mensajes que el cuerpo nos envía. Escucharlos como señales de un amigo que nos va marcando los déficit y fantasías que no queremos ver y que, de este modo, nos impide engañarnos.

---

* Sitio o punto de menor resistencia.

CAPÍTULO IV

Posibilidades de rescate y reconocimiento del cuerpo

"Empieza a perfilarse una nueva visión del cuerpo. Lejos de estar compuesto de órganos mudos, se puede decir que las diversas partes del cuerpo piensan de un modo inconsciente —si queremos seguir sosteniendo que el hemisferio cerebral derecho también piensa. Más aún, es posible influir conscientemente en el funcionamiento de muchos de ellos (tal vez de todos)".

LARRY DOSSEY

E n los talleres que hemos realizado para facilitar el contacto y la relación de las personas —especialmente terapeutas— con su cuerpo, se descubren las más increíbles negaciones, eso que Perls llamó "huecos" de la personalidad.

Hemos ideado variadas experiencias para poder reposeer nuestro cuerpo y atrevernos a "trabajar" y permitir a las personas que nos consultan que se encuentren con sus propios cuerpos.

Tal vez lo más enriquecedor ha sido el poder identificarnos con nuestros órganos, caracterizarlos, dramatizar en grupo los diferentes sistemas. Los diferentes grupos con los que he trabajado en los últimos años han llegado a un grado de creatividad y eficiencia que impacta. Nadie que haya visto una de esas representaciones podría olvidar lo esencial de cualquiera de esos sistemas.

Personalmente, nunca tuve tan claro lo complejo y dinámico del sistema inmunológico como después de una de estas dramatizaciones. En los talleres, todos hemos tenido que personificar diferentes órganos. Así empezamos a sentir la relatividad de todo. Por ejemplo, la maravilla de dejarnos ser una blanda e informe cosa, la médula ósea, que trabaja permanentemente y hace todo lo que le toca sin tener que cuidarse a sí misma, porque para eso está el hueso que la contiene. Fue lo que me sucedió a mí, que pude cerrar una gestalt inconclusa después de deambular por una sala tejiendo incansablemente, protegida por un colega que era un hueso largo. En medio del caos y el verdadero delirio que puede parecer la conversación del Sr. Hígado con la Sra. Vesícula, o el discurso de los Señores Uréteres frente a la Sra. Vejiga, el hueso representado por mi colega me cuidaba delicada y firmemente, no permitiendo que nadie me tocara o interrumpiera mi silencioso y eficiente trabajo.

Al terminar el ejercicio sentí una gran angustia y me dije a mí misma lo que en ese momento le estaba diciendo a los demás*: *Dense cuenta de lo que sienten; dense cuenta si pueden ser plenamente ustedes mismos en relación con el órgano que acaban de ser. ¿Se dan cuenta qué sensación o sentimiento les sorprendió, o surgió en ustedes de un modo que no es habitual? ¿Experimentaron alguna dificultad para representar o vivenciar el personaje que tenía las características del órgano que habían elegido? Cualquiera que sea la situación, elijan a un compañero con el que la trabajarán. Trabajen de preferencia*

---

* Estábamos en un seminario en Anchimalén, el Centro de Salud, Crecimiento y Desarrollo que hemos formado en Chiloé, Chile, en la X Región. El grupo estaba compuesto casi exclusivamente por terapeutas.

con el órgano que fueron o con la polaridad que haya surgido conflictivamente. Que empiece aquél que por cualquier motivo haya quedado angustiado, y después se invierten.

Para mí era una obviedad que tenía que hacer un encuentro entre "yo hueso" y "yo médula". Mientras era médula, en el momento en que el hueso se separó de mí, yo sentí una desolación y un sentimiento de desprotección muy angustiantes. Es necesario aclarar que mi compañero hueso no tenía ninguna connotación afectiva "especial" para mí, aparte de ser un excelente colaborador por años.

Este taller transcurría en Chiloé; pese a que yo lo estaba dirigiendo, el espacio, el ambiente y el entusiasmo de todos y cada uno respecto de aquello en lo que estaba, me permitió también a mí trabajar lo que había percibido. Casi habría podido hacerlo sola, pero en ese momento me experimentaba más como médula que como hueso, y no me encontré capaz. Le pedí a una chica del grupo que trabajara conmigo. Nos fuimos al césped, algo alejadas del resto. Allí completé la gestalt de una dolorosa separación, vivida cuando aún mis propios huesos no tenían la firmeza suficiente.

En talleres de este tipo, todos relatan diversas sensaciones; es un encuentro conmovedor con uno mismo y con los demás. Alguien describe lo fantástico de haberse sentido hueso: firme, rígido y unido en los extremos, sin sentirse amarrado. Otro comenta la extraña sensación de haberse sentido articulación: poder conciliar y permitir el movimiento de todos, aún siendo pequeña, compleja y limitada...

Cada vez que logramos reconciliarnos con un personaje que representaba aquella parte con la que peleábamos, es como si de pronto recuperáramos un espacio, una parte que nos pertenecía y que teníamos no sólo olvidada, sino muchas veces maltratada y a la que nos negábamos a oír, ya que dentro de nosotros (tal vez de nuestro ego) no cabía nada con características semejantes.

He escuchado la descripción de los más variados estómagos, intestinos, úteros, hipófisis, páncreas..., de todos los órganos personificados y singularizados de los modos más sorprendentes. Claramente se ve cuáles características privilegian unos y cuáles otros, y con qué frecuencia aquellos órganos cuyas características causan rechazo desde la definición, son los mismos que han estado causando problemas y tienen una amenaza siempre pendiente sobre ellos: la de ser eliminados.

Muchas veces me he preguntado si no habría que hacer un estudio sobre el recrudecimiento de afecciones a la columna —u óseas en general—, en aquellos países donde ha habido un régimen militar. ¿Tendrá que ver el rechazo a los militares con el rechazo y la no aceptación de aspectos rígidos en uno mismo?

Es obvio que no son los huesos la "causa del rechazo a los militares", así como no es este rechazo —aunque exista— la causa de las afecciones óseas. No cabe ninguna duda de que los huesos son fundamentales y necesarios para el ser humano. Si pensamos que las estructuras sociales se han construido copiando o imitando la estructura de los seres vivos, hay que pensar que la presencia de los militares ha de tener, en las organizaciones sociales, una función similar a la de los huesos en el organismo humano: dar firmeza y solidez al sistema. Obviamente que no corresponde a su rol el pretender organizar otros sistemas, y mucho menos, combatirlos. Tampoco pueden permanecer pasivos si se los ataca o se niega su utilidad. Como cualquier sistema que sea combatido, se defenderá destruyendo a la organización total. Así sucede con el organismo: frente a la primera señal de disconfort que da un órgano, con gran facilidad las personas lo declaran no "indispensable"; así es como este órgano queda severamente amenazado y más tarde amenaza a la totalidad. Y no hablo del apéndice, al que por no ser de utilidad manifiesta se lo ha "sacado" para estar tranquilos. Hablo del estómago, al que se acusa de innúmeros disturbios, y se lo maltrata sin haber entendido jamás lo elemental del cómo o quién es, o para qué está ahí, en una ubicación tan central.

Generalmente se hipertrofia la importancia del estómago; desde esta perspectiva, también es posible que el médico —que "sabe" que éste no es un órgano "indispensable" (24) y que si no está "produce ciertos trastornos"— tenga otra visión. Si hay órganos que no son indispensables y producen tantos trastornos, ¿acaso no es más fácil eliminarlos de una vez?

La pregunta es: ¿y cualquiera de nosotros es acaso indispensable, en algún grado, para la marcha de la humanidad, o aún siquiera para el pequeño grupo al cual pertenecemos? ¿Tenemos, acaso, funciones tan claras y bien organizadas como las que pueden tener las glándulas salivales o el estómago?

Sería interesante hacer un estudio de la incidencia del cáncer en un órgano antes y después de que fuera declarado "no indispensable". No cabe duda de que esto afecta a órganos como el útero o las mamas, pero ahí la medicina tiene ya demasiado "claras" las cosas, al igual que con la próstata. Y hay preguntas que la medicina no se hace.

No ha sido ni será fácil esta tarea de vivenciarnos, de aprender a escuchar los mensajes de nuestro cuerpo y empezar a salirnos del atrape divisionista que viene desde la mirada médica y se extiende hasta a aquellos que más nos aman, cada vez que nos quejamos de algo.

Durante siglos hemos sido inducidos a la ignorancia. El mundo que nos rodea se ha llenado cada vez más de ruidos destinados a hacernos más sordos a nuestros propios mensajes, y nuestro cuerpo ha perdido la capacidad de darse cuenta hasta de lo más elemental.

No sólo comemos lo que la propaganda nos dice que es mejor y no lo que nuestro cuerpo "nos pide", sino que ahora ya es poco lo que podríamos creerle: condicionado desde siempre, tal vez sólo desea lo prohibido. Enseñamos a los niños que lo dulce es un premio: "si no te comes toda la comida, no hay postre". Y después tenemos que pelear para que entiendan que "el azúcar y los dulces hacen mal". No importa que hace más de treinta años se hubiera demostrado que si dejamos comer libremente a los niños que tienen entre 18 meses y tres años, en sólo un mes ellos balancean su dieta. Este experimento se hizo y se observó a los niños sin que lo supieran. Algunos pasaban dos o tres días comiendo sólo plátanos o huevos duros, pero luego lograban el equilibrio naturalmente. Sin embargo, los adultos ya no podíamos cambiar; estábamos lo suficientemente indoctrinados como para que el slogan de la dieta bien balanceada tuviera que cumplirse, y en cada comida. Una exigencia similar a la creada con el cuento de las "madres esquizofregénicas" —aquellas que se separaron de sus hijos antes de los 6 meses—, que agregó otra siniestra posibilidad de culpa en las madres que necesitaban separarse siquiera una jornada de sus hijos.

A mí me ayudó mucho el ser rebelde y cuestionar la información que recibía: sólo aceptaba aquello que podía cumplir sin violentarme ni violentar al otro. Les servía a mis hijos todos los alimentos al mismo tiempo; cuando eran pequeños, generalmente comían primero el postre. Actualmente prefieren lo salado y ninguno tiene problemas con el peso.

Seguir un sistema así entraña una relación tranquila con la comida por parte de aquellos que tienen que ofrecerla al niño. Una persona torturada por una dieta hipocalórica no puede aceptar con tranquilidad que un niño rechace o deje por la mitad ese plato que le han servido y que puede comer sin riesgo. De todos modos, ¿cómo actuar de esta forma actualmente, cuando desde la televisión inducen en los niños los deseos de determinadas cosas y hacen lo imposible para que ellos no piensen sino en eso?

Nada es fácil si se trata de ponernos en contacto con las reales demandas y necesidades de nuestro organismo, amenazado por esos terribles monstruos que están al acecho de cualquier debilidad para atacarnos: las enfermedades. Aquí empieza el drama: si las enfermedades son nuestros enemigos, jamás sabremos si tienen un mensaje positivo para nosotros. ¿Quién escucha al enemigo? ¿Quién piensa siquiera que el enemigo puede decir algo medianamente razonable?

Tal vez ya no esté en manos de la medicina solucionar este drama que ella ha contribuido a crear. Tal vez todos y cada uno de quienes con fe y entusiasmo aprendimos —o creímos aprender— a acercarnos al ser humano para descubrir sus misterios y ser feliz, los que pensamos que algún día el hombre podía ser curado por otro hombre, debamos aceptar que nunca supimos verdaderamente lo que es *la cura*.

También habrá que aceptar el tremendo fracaso de la medicina. Cada vez se invierte más y cada vez muere más gente de enfermedades de las que antes no se moría. También cada vez acuden más personas a los terapeutas, los psicólogos, los facilitadores gestálticos, los orientadores familiares, los psicólogos sociales... Enormes grupos humanos se juntan a meditar; se ha reconocido que hay otros modos de buscar ayuda, incluso para las enfermedades.

Nuestra obligación es dar instrumentos positivos, ayudar a que la persona tenga elementos eficientes de auto-ayuda, y que no vaya aumentando su enajenación, su ceguera. Que no se entreguen como objetos desarmables.

¿Cómo facilitar esta tarea? Con esa finalidad hemos desarrollado numerosos ejercicios cuyo objetivo es familiarizar, en primer lugar a los terapeutas, con el cuerpo vivo que somos. El desarrollo y perfeccionamiento de estos ejercicios es una verdadera creación colectiva, ya que la idea ha surgido en los Talleres y Cursos Formativos de Gestalt, que he estado realizando durante los últimos 15 años en Argentina, España y Chile.

El primer trabajo organizado por escrito en relación con este tema fue presentado en el Congreso de Psicología Clínica en Cuba, en 1987. Mi hipótesis —a esas alturas compartida ampliamente por los grupos con los que trabajaba— era que, orientando a los niños con una visión vivencial, holística, podíamos contribuir a cambiar —por lo menos respecto del cuerpo— el hábito de pensamiento causal lineal. Un pensamiento que confina, limita y enajena.

Vivenciar y conocer de un modo diferente el propio cuerpo, puede contribuir a transformar completamente el sentido de la enfermedad, y con ello contribuir también a reducir la alta frecuencia de enfermedades invalidantes y mutiladoras, así como —por qué no decirlo— la aterradora incidencia de suicidios en las edades de las grandes crisis, donde el diálogo consigo mismo puede conectar a la persona con mensajes que no supo encontrar en el mundo que la rodea.

Teniendo en la mira estos objetivos realizamos dos talleres experimentales. Uno en la ciudad de Córdoba, Argentina, con pre-púberes, para el cual conté con la colaboración de Miriam Bornacini y Liliana Bevilacqua —ambas excelentes psicólogas infantiles—, y Raúl García, psicólogo que trabaja con adolescentes. El otro taller se realizó en Buenos Aires, con la colaboración de Graciela Cohen, psicóloga, y Carlos Gatti, médico.

Para no extenderme innecesariamente, no detallaré el desarrollo de estos talleres. Conseguido el ambiente propicio, en general se trató de que los niños aceptaran ser, en representación teatral, aquellos personajes que estaban investidos con las características de los órganos que habían elegido, para lo cual se les había dado una breve información que completaba lo que ellos ya conocían. Una vez posesionados de quiénes y cómo eran, y luego de haber dialogado con los otros órganos —y de, incluso, haber "competido" por la mayor importancia de cada uno dentro de la totalidad—, la consigna fue que, tendiéndose en el suelo, formaran un cuerpo entero con la relación topográfica correspondiente.

El contacto y la comunicación que se produce en estas situaciones es indescriptible. Se los acomodó de tal modo que el niño que hacía de columna vertebral —y que supuestamente estaba abajo de todos, ya que el cuerpo estaba de espaldas sobre la alfombra— estuviera cómodo. Se pusieron cojines y se les marcó en la pizarra cómo tenía que estar cada uno en relación con los otros.

Cuando pudieron relajarse y aceptar la absoluta cercanía de los otros en un contacto estrechísimo —algo difícilmente lograble con niños de esta edad—, les pedimos que hicieran silencio y se conectaran con lo que eran y con la relación que tenían con sus vecinos.

El paso siguiente consistió en que empezaran a dialogar. Les pedimos que se fueran presentando y que sólo interrumpieran si alguien decía algo que para alguno de ellos era obviamente errado. Cada vez que el error era muy notorio, el griterío era grande; por ejemplo, cuando la cabeza (que era preferentemente corteza) dijo: *"Yo los controlo a todos"*. Les pedimos que hablaran de a uno y le dimos la palabra al corazón, que dijo: *"Yo puedo estar años funcionando sin que tú te despiertes, cabeza, si es que estás viva"*. El hígado dijo más o menos lo mismo, y así lo hicieron varios.

Cuando la cabeza dijo: *"Me estoy sintiendo una verdadera inútil"*, la columna y los huesos respondieron: *"Por favor, no te quedes dormida, te necesitamos mucho"*. Y el ano le dijo a la cabeza: *"O despiertas, o los cago a todos"*.

Ahí apareció el infaltable chiste y la creatividad que evidenciaban la absoluta necesidad de reírse que tienen las personas durante estos diálogos.

En ambos grupos, los jóvenes pudieron percibir cuánta era su competitividad, y hasta qué punto les resultaba más fácil pelear o competir con aquellos a quienes sentían más alejados. Hasta que un vecino les hacía ver el riesgo que corrían con esa discusión y lo absolutamente cerca que estaba aquel que, en principio, aparecía tan lejos: *"¿Ves?* —decía algún órgano—; *tú te peleas con aquél, y yo, que te traigo sangre, paso por ahí. Si se enoja, puede mandarte algo malo"*.

Esos jóvenes captaron lo esencial que era funcionar en armonía. La experiencia duró un fin de semana para cada grupo, y fue sólo una exploración para descubrir si todo esto que veníamos realizando hace tiempo en nuestros grupos, funcionaba a ese nivel. Nos parecía evidente que más ayudaremos a nuestro crecimiento cuanto más precozmente nos demos cuenta de que el cuerpo es nuestro aliado; tenemos que aprender a entender su lenguaje antes que cualquier otra cosa en la vida.

En el Instituto Gestáltico de Córdoba, Argentina, habíamos desarrollado un modelo de enseñanza de lo que llamamos "Anatomía y fisiología vivenciadas", como parte de los cursos de postgrado de Psicoterapia Gestáltica. Hasta donde conozco, sólo en Córdoba el Colegio de Psicólogos ha aprobado esta formación como una especialidad oficial. Nuestro objetivo era favorecer en los terapeutas la posibilidad de actuar como yo-auxiliar en los diálogos gestálticos de los pacientes que presentan afecciones de las llamadas orgánicas. Terapeutas que no se asusten frente a los diagnósticos clínicos, y que tampoco escuchen a los pacientes como lo hacen los terapeutas médicos, que tienen una escucha diferente según se trate de síntomas o enfermedades, o de supuestos conflictos psicológicos. Cuando aparecen síntomas "orgánicos", ellos se sitúan como hábiles sabuesos, siguiendo el rastro de la posible "enfermedad", y si ella aparece, todo pasa a segundo plano. La creencia es que hay que estar alerta y, ante la menor sospecha, mandar al paciente al clínico, para que "descarte" algo orgánico.

Por supuesto que no pretendemos que el terapeuta se quede explorando y tratando de curar cualquier cuadro con la sola ayuda de la persona, y prescindiendo de cualquier aporte de la medicina. Eso es lo que hacen, con tremenda omnipotencia, muchas de las llamadas medicinas alternativas: prohíben a las personas todo contacto con cualquier otro modo de tratar el cuadro que no sea lo que ellos propician.

Lo que sí pretendemos en este enfoque es ayudar a que el ser humano se haga responsable de su enfermedad y entienda el mensaje que ésta le trae a toda su persona, aprovechando **una vía regia para trabajar con toda la estructura caracterológica de quien nos consulta.**

Lo que la persona "descubre" puede —a veces— detener el proceso cuando todavía no ha entrado en una fase irreversible. El que tiene la clave definitiva de su propia enfermedad es el enfermo. Y esta clave está tan escondida para él como para quienes quieren tratarlo. La persona, la parte de la persona que cree padecer la enfermedad, no sabe que es justamente ahí donde está el verdadero mensaje que no fue escuchado. Como el ser humano generalmente se enoja con aquella parte de su cuerpo que le muestra limitación o lo molesta de alguna manera, no le habla, y mucho menos la escucha.

Lo "enfermo" se pone en manos del médico y, en el mejor de los casos, el médico atiende a lo sano y lo enfermo del sujeto que consulta. Así dividido, este ser enajena una parte de sí: la que lo está perturbando. A veces relaciona algo de lo que le ocurre o le ha ocurrido en su vida, con esto que ahora le ocurre. En otras ocasiones, ya tiene absolutamente claro cuándo y cómo se le producen determinadas reacciones: *"Ahí está otra vez el maldito estómago, que tiene que ponerse a reclamar cuando estoy más estresado"*. ¡Fantástico!: está muy claro que esto ocurre así, y la solución sería no estresarse tanto. Pero como la situación no lo permite... Puede que la persona se alivie al quejarse con otros de lo que le ocurre en el entorno. Incluso pueden disminuir sus molestias.

Si molesta el estómago, más aún molesta el entorno. Y a éste no se lo puede calmar, ni sacarle un pedazo, como sí se puede hacer con el estómago. Con la ventaja de que, al eliminar el estómago, por un corto tiempo la persona puede desconectarse del entorno. Igual que durante la terapia, encerrado en el consultorio del analista.

Esa parte que ha sido eliminada muere junto con su secreto. Así han desaparecido muchos úteros, ovarios, tiroides... ¿Qué querían decirle a la persona y ella no escuchó, pese a haber estado juntos desde que nacieron?

El órgano o la parte enferma habla de muchos modos, y mientras el sujeto no entienda el mensaje, son enemigos. La persona no está haciendo nada que favorezca su cura; está tratando de deshacerse de una parte de sí que jamás comprendió o aceptó del todo. Una parte que tenía en sí características rechazables para el sujeto —mejor dicho, para el ego del sujeto—, que se ha esforzado tanto y tan duramente en ser lo que es.

Estoy consciente de que lo que los lectores quieren son "casos" descriptos lo mejor que se pueda. Casos en los que, además, figuren estadísticas que muestren éxitos al más puro estilo médico. Y yo he tenido la tentación de reunir este tipo de información, para avalar la eficiencia del enfoque que estamos proponiendo. Ahí me doy cuenta de lo extremadamente difícil que es transmitir lo esencial del modo de acercarnos al ser humano enfermo, con una perspectiva tan opuesta a la que se nos enseñó.

Me horrorizaría pensar que agrego o pretendo agregar otro "tratamiento de las enfermedades" más a la lista de la Medicina Alternativa. Si con nuestro enfoque desaparecen síntomas o signos o enfermedades que perturbaban a una persona, es porque el mensaje de esa enfermedad fue entendido, y en esa persona el cambio total se operó. En muchos casos, si se la trata como a una verdadera mensajera de la salud, la enfermedad —cuando no ha producido cambios estructurales de importancia— se retira luego de cumplir con su objetivo. Y lo hace tan misteriosamente como vino. Son estos "casos" los que han prestigiado nuestro modo de abordaje, y tal vez los primeros que debería relatar. Son también los que, desde siempre, se han conocido en medicina como curas espontáneas, aún de las más complejas enfermedades.

Los casos que relataré tienen el mérito de haber sido tratados siempre en público, en grupos de 20 ó 30 personas, que no habían acudido especialmente a ser "sanadas" de nada. Se trató de grupos psicoterapéuticos, conformados por una mayoría de personas preocupadas por "problemas emocionales". También es cierto que en los últimos años —a raíz de los comentarios acerca de la importancia que le damos a los síntomas y manifestaciones físicas, que no podemos ni queremos separar de las psíquicas— cada vez han llegado más personas que jamás habrían consultado a un psicólogo o a un psiquiatra.

Y es así como amenazados de muerte se han detenido. Amenazados de muerte han permitido que el caos los invadiera, y desde ahí accedieron a la posibilidad de reestructurar su vida sobre bases diferentes. Se pusieron en contacto con profundas emociones, en situaciones que le estaban ocurriendo a otros y que tradicionalmente ellos habrían dejado fuera de la esfera de sus intereses. Situaciones que ni siquiera los hubieran rozado, y mucho menos les hubieran permitido acercarse hasta algún punto que pudiera provocar sus lágrimas.

Trabajo con un paciente con cáncer terminal

Escribo esto aún bajo el impacto que viví durante uno de los últimos grupos terapéuticos realizados en Chiloé.

En medio de un cielo que no parece real, lleno de estrellas, resplandores, amanecidas, lluvia y sol brillante, llegan estas personas que van a permanecer seis días juntas. Entre ellos viene J., padre de una joven colega a quien quiero y que trabaja frecuentemente conmigo. Ella había querido que su padre me consultara, luego de un diagnóstico de cáncer pulmonar. Yo lo había entrevistado en Santiago, varios meses atrás; él estaba seguro de que su cáncer se había detenido luego de un tratamiento que le habían hecho. Al aparecer una metástasis en las suprarrenales, se desconcertó y aceptó cualquier sugerencia que pudiera parecerle con sentido, o proveniente de informantes que le merecieran respeto.

En aquella entrevista, me encontré con un hombre que sabía casi todo lo esencial acerca del cáncer. Aun así, algo lo impactó en el modo de describirle las células neoplásicas personificadas: *"Son invasoras, voraces, quieren mantenerse jóvenes y son inmortales, siempre que se las tenga en un medio en que puedan alimentarse".*

Tuvo un encuentro con sus pulmones. La omnipotencia que mostraba cuando se dirigía a ellos, era absoluta. Los retaba por lo que le habían hecho, después de todas las consideraciones que él había tenido con ellos: los había llevado siempre a sitios donde se podía respirar aire puro, cada vez que podía "los sacaba" de Santiago... Y puesto en sus pulmones, se negaba a aceptar características esenciales de ellos. Le era difícil decir en primera persona —siendo pulmón— que su característica era la de ser indiscriminado, ya que aceptaba todo lo que viniera con el aire que le llegaba.

J. era un alto ejecutivo de una empresa muy importante en el país. Había jubilado hacía poco, a los 65 años. Era muy deportista, dominante, acostumbrado a dirigir y ser obedecido. Estaba separado de una esposa con la que convivió más de 25 años, y con una buena relación con su actual compañera, que lo acompañaba desde hacía varios años.

Durante nuestra entrevista no hablamos siquiera de su vida o de su situación de pareja, que en lo externo yo ya conocía. Lo importante era que él se escuchara a sí mismo. El diálogo con sus pulmones tenía ese objetivo. Yo actuaba como auxiliar, ocupando simplemente el lugar de los pulmones cada vez que se necesitaba corregir alguna disparatada idea de J. respecto de ellos. Como cuando les dijo: *"Gracias a mí, ustedes se mueven, existen".* Al responderle, tomando el lugar de sus pulmones, yo no hice otra cosa que usar la más elemental información que se puede tener acerca de estos órganos. Le pregunté quién se creía y cómo pensaba que nos manejaba. Despectivamente le recordé que él podía estar anestesiado y nosotros seguíamos respirando. Más aún: era posible para él ser anestesiado, gracias a que nosotros recibíamos todo. *"Es cierto —le dije—, somos pasivos, dependientes de otros, indiscriminados..., pero podemos seguir vivos y funcionando mientras ése que se dice tú está fuera de juego".*

Esta respuesta impactó a J. Luego contaría que le sirvió para bajarse del caballo de la omnipotencia y aceptar muchas terapias "alternativas". **Sin embargo, no continuó explorando el camino que en ese momento apareció frente a él.** Por otra parte, **no hay ninguna seguridad de que las propias terapias alternativas no escondan una buena dosis de omnipotencia, en la medida en que luchan competitivamente contra la medicina.**

Hay personas que han ganado prestigio como "sanadores". Realmente tienen un don, posibilidades de contacto y capacidad de transmitir energía positiva de modos muy valiosos; pero, por ejemplo, ponen como condición para su tratamiento que no haya ninguna intervención quirúrgica. Esta actitud es omnipotente. Cuando en una persona ha crecido dentro de sí algo que ocupa todas sus defensas, que se mantiene encastillado en un sitio y desde ahí ataca, es absurdo no recurrir a la medicina para que la ayude. El problema es si esa persona sigue estando de parte del agresor, si aquello que hay en ella —que facilitó que la estructura se alterara— permanece, o si por el contrario, esa persona acepta que estaba mirando la vida, su propia existencia, su entorno, y especialmente su cuerpo, de un modo equivocado.

Cuando J. llegó a Chiloé, habían pasado muchos meses desde nuestra entrevista. Ahora tenía varias metástasis hepáticas y le habían propuesto una nueva quimioterapia. Le hablaron de las complicaciones y del posible porcentaje de sobrevida: sin tratamiento no tendría más de 4 meses de vida. Ya habían pasado dos. El había decidido que no quería más quimioterapia y que se quedaría así. Estaba pensando en irse a Europa junto con su compañera. Con ella llegó a Chiloé.

¿A qué venía este hombre? A trabajar consigo mismo. Venía porque de pronto pudo comprender un mensaje definitivo: *no se trata de tiempo de vida, sino de calidad de vida.*

J. —aceptando este espacio que su hija médica tan amorosamente le había pedido que se permitiera— quería saber qué tenía que decirle su hígado. Y cuando "fue" su hígado, otro ser apareció ante nosotros.

Qué fácil le resultó a J. reconocerse en un órgano como éste, de total eficiencia, con múltiples capacidades, con reservas para todo el resto, con alto poder discriminativo. Hubo un par de cosas que espontáneamente no reconoció como propias y que le sorprendieron: que el hígado guarda lo amargo fuera de él y que lo produce porque es absolutamente necesario, que no puede guardar aquello que produce lo dulce y negarse a producir lo amargo. Si lo dulce y amargo son opuestos o extremos el hígado admitió: soy extremista, lo que para J. fue sorprendente. Se sentía eficiente, seguro y absolutamente consciente de que dependía de otros para existir, tanto como otros dependían de él. La sensación de límites era algo que reconocía.

Fue muy afortunado que comenzáramos trabajando con J. Todo el grupo se dio cuenta de que ahí había un hombre vivo, sensible, interesado en descubrir cuál era su verdadera relación con la vida y con los demás. La falsa compasión desapareció de la mirada de todos y especialmente de él mismo. Ni desafiante ni sometido, J. aparecía con una capacidad de entrega y una receptividad que lo hizo ser querido por cada uno de sus compañeros de grupo. Era el padre que todos hubieran querido tener. Firme y cariñoso, no minimizaba los problemas de los demás. Se lo vio conmovido a extremos increíbles cuando una de las chicas del grupo hizo el trabajo de despedida de su padre. Y también lo vimos lleno de furia e impotencia frente a la brutalidad vivida por una criatura, que ahora ya era una mujer, atrapada en una vieja situación y paralizada por la indefensión cada vez que la revivía.

De pronto se volvió absurdo hablar de cuánto tiempo viviría J. con ese cáncer que lo amenazaba. J. estaba *vivo*, y nadie sabe a cuántos años puede equivaler un minuto de vida en el que las emociones se dan con tal intensidad. Aquellas personas habían llegado hacía apenas dos o tres días y ya estaban compartiendo cosas que muchos no comparten en una vida entera.

Por una vez, la muerte pasó a tener el verdadero espacio que ocupa. Nadie la usó "para vivir mejor"; todos la tomaron en cuenta, sintiendo el respeto y la admiración que se merece una realidad que no sólo no nos limita, sino que por el contrario, nos da la posibilidad de superar nuestro egoísmo y autosuficiencia.

No puedo reproducir aquí el diálogo entre J. y su hígado, ya que impactada por tamaño darse-cuenta, no lo grabé. Sí en cambio, al influjo de ese último grupo, me decido a buscar los cuadernos y cassettes que registran algunos de esos casos que pueden ilustrar parte del trabajo que venimos haciendo en los últimos años.

Trabajo con un paciente con cáncer de pulmón

Samuel consulta después de haber sido operado de un cáncer pulmonar. Ha sido tratado con radioterapia*.

Es un ingeniero comercial de 57 años que, después de una entrevista en Santiago, decide venir a uno de los grupos terapéuticos en Chiloé. Llega acompañado por su esposa, y muy rápi-

---

* Es importante recordar que este libro no ha sido escrito siguiendo un plan preconcebido y que tampoco —por ahora— tenemos un registro de las personas por cuadros clínicos, ni por edad ni actividad. No sigo ningún orden "causal-lineal-inductor". En el caos de mi computadora interna van quedando los registros, y las transcripciones me llegan cuando alguien que se benefició con el enfoque se acuerda de enviarlas. Tal vez por eso me sorprende encontrarme con casos como el de Samuel y el anterior, de J. Ambos son ejecutivos, chilenos, con cáncer pulmonar. Sin embargo, ellos son diferentes, y sus cánceres también. Diferentes en todo, no sólo en el tipo de células, como diría un oncólogo.

damente establece un excelente contacto con el resto del grupo. Le explico, tal como hago con cada una de las personas que veo, nuestro enfoque del enfermar. Le digo:

No podemos tratar a la enfermedad como una enemiga. Nos está haciendo sufrir, y además, como en este caso, nos puede amenazar de muerte. Tenemos que escucharla. No podemos pelear con ella sin saber a qué vino. Es en una parte *nuestra* donde ella se ha instalado. Si hay algo que nos pertenece y que nos conecta con todo aquello que nos trasciende, eso es nuestro cuerpo; no lo entreguemos como un paquete en manos ajenas.

Permítete conectarte con lo que sabes y lo que no sabes acerca de lo que te ocurre. Por lo menos, escucha a ese pulmón en el que ese grupo de células se declaró en rebeldía. A esas rebeldes ya las destruyeron, pero afortunadamente hay más células pulmonares. Así se hacía antes con aquellos que se rebelaban: se los "cortaba", y siempre había otros para reemplazarlos. Hasta que aquellos a quienes no se escuchaba, aprendieron a insertar en los que quedaban el mensaje que en ellos no fue escuchado. De esta forma órganos enteros se fueron al basurero. Y se fueron guardando su secreto. **No importa que se investigara todo acerca de la enfermedad que ese órgano padecía, y que aquello que aún no se sabía pueda conocerse en un tiempo más. No es ése el secreto con el que se van las partes nuestras que nos sacan. El secreto es el mensaje que nos querían dar y que nosotros no escuchamos. Es un secreto absoluta y totalmente único, como las huellas digitales. Ese órgano que nació con nosotros sabe algo de nosotros que no está dispuesto a que olvidemos.**

Este pequeño discurso varía. Sin embargo, es el mismo en sus líneas generales y en su contenido esencial. Así llegamos a explicarle a la persona la importancia que tiene el conectarse vivencialmente con el órgano enfermo, describirse y hablar por él. Generalmente hacemos algún ejercicio previo, para que las personas se den cuenta lo fácil que es "hacer" el rol de otros. Sin embargo, también hemos trabajado haciendo este tipo de encuentros con todas las partes del cuerpo, en seminarios a los que asisten toda clase de personas y sin haber tenido posibilidad de preparar al grupo.

Volvamos a Samuel. Ya hemos colocado dos cojines: uno para él y otro para sus pulmones. Le pedimos que empiece por ser sus pulmones.

Pulmón: Soy blando, esponjoso, absorbo todo. **Soy activo**, incansable Durante años te cuidé sin quejarme porque me intoxicabas con el humo del cigarrillo, que aumentabas cada vez que estabas nervioso.

El terapeuta insiste en que el pulmón describa más sus funciones, su trabajo específico.

Pulmón: Bueno, yo **te limpio la sangre, te dejo pasar lo que te sirve y te quito lo que no te sirve.**

Samuel: No es verdad que me cuidas, a la primera que me descuido me haces un cáncer.

El rol de terapeuta y del posible coterapeuta es tener una escucha total, no sólo a las palabras, sino también a los gestos del paciente. Su función es darse cuenta especialmente de aquellas cosas que enfatiza la persona, y que no necesariamente corresponden a funciones del órgano que está hablando. Debe atender especialmente a aquella característica o función que el paciente no menciona. A mejorar esta información en los terapeutas es a lo que nos hemos abocado en los últimos 10 años*.

Decido tomar el rol del pulmón.

---

* En este punto podemos comparar este trabajo con el que Perls sugirió para los sueños: atender a lo que podríamos llamar "el punto fóbico". Con la diferencia de que aquí es el terapeuta el que tiene que darse cuenta de lo que faltó o fue ostensiblemente alterado en el relato del paciente, para lo cual tiene que contar con una referencia vivencial-informativa lo suficientemente amplia de todo su cuerpo, y con ello de cualquier cuerpo humano.

Terapeuta (como pulmón): ¿Por qué me culpas a mí? Estas células que aparecieron son diferentes a las mías. Tú te crees que aprendiste a cuidarme, **pero la verdad es que me conoces demasiado poco para cuidar de mí. Y además quieres que yo sea como no soy: muy activo, incansable, y dejándote pasar sólo lo que te sirve.** Pero la verdad es yo soy bastante pasivo, no me muevo solo. Te dejo pasar todo lo que venga en el aire. Soy muy poco discriminativo: puedo envenenar la sangre si en el aire viene algún gas tóxico. Y además, no absorbo nada; sólo lo que me trae la sangre que me alimenta.

Samuel (con una notoria expresión de perplejidad e incredulidad): ¿Cómo puede ser que no te muevas solo, que seas tan pasivo? Es cierto que yo te ayudo con ejercicios... Y además eres indiscriminado... **¡Claro!, has aceptado todo. No sabes decir que no aunque me maten.** Y yo estoy cansado, quiero respirar aire puro. No puedo aceptar que seas pasivo. Eso es horrible.

Samuel ha escuchado algo que no puede aceptar. Algo con lo que seguramente se peleó toda su vida. Y el terapeuta, al ayudar en el diálogo, no ha hecho otra cosa que corregir la errada información de Samuel respecto del funcionamiento de sus pulmones. Una información que él muy bien podría tener, aunque jamás hubiera estudiado anatomía o fisiología.

Ahora, el terapeuta cambia su lugar con Samuel para que él pueda asumir ser su pulmón con las características que había negado, y que el terapeuta le aportó. Al hacerlo, toma una actitud más relajada: caído de hombros, la expresión del rostro se ha suavizado completamente, y de sus ojos cerrados fluyen suavemente unas lágrimas.

Samuel (como pulmón): **Sabemos que tú no nos quieres pasivos ni indiscriminados.** Pero llevamos 57 años siendo así. Somos parte de ti.

Volvemos a cambiar. El terapeuta quiere reforzar esta vivencia, en la que se ve claramente la terrible lucha entre dos aspectos de Samuel. El es como un niño pequeño pidiendo ser aceptado, aun cuando no siente que lo merezca demasiado.

Terapeuta (como pulmones): Y no nos hemos portado mal: pasivos e indiscriminados como somos no nos dejamos seducir por esas células que crecieron en nosotros. Ellas eran jóvenes, inmortales nos decían que eran; se reproducían a una velocidad increíble. Y no siguieron el mandato de ser células pulmonares; tal vez ellas eran más parecidas a ti y no nos querían...

Samuel: Ustedes se han portado muy bien. En el fondo, el cabeza dura y obstinado que soy yo hace mucho tiempo que quería dejar la empresa, pero no aceptaba ceder. Hay algo brutal y deshumanizado en las empresas, que no nos permite aceptar aspectos que consideramos débiles. Y ustedes, con todo, aceptaron ese tremendo tratamiento...

Terapeuta (como pulmones): Sabíamos que era a esas células, por importantes que se sintieran, a las que estaban atacando, y nos dimos cuenta que ahora tú estabas de parte nuestra. Que por una vez nos habías escuchado y nos habías aceptado como éramos, reconociendo que nosotros sabíamos muy bien, mejor que tú, lo que teníamos que hacer.

Samuel: Me siento emocionado con ustedes. Pensar que quise negarlos y son tan fieles.

El terapeuta le pide que vuelva a ser sus pulmones. Una vez allí, responden qué sienten por Samuel.

Samuel (como pulmón): Nos cuesta reconocerte. Así estás más parecido a nosotros y nos parece que ahora sí vas a renunciar y nos vas a llevar al campo. A ese lugar no podemos ir si tú no lo decides.

Samuel vuelve a ser él mismo; el terapeuta está enfrente de él. Se abrazan con mucho afecto. Samuel está francamente emocionado.

El grupo ha estado absolutamente comprometido en este encuentro y, lo que es más importante, la esposa de Samuel se reencuentra con aspectos que siempre vio en su marido. A partir de ahora, el irse al campo ya no constituirá un hobby; tal vez sea ése el sitio donde Samuel puede aceptar con más facilidad su capacidad de ser pasivo, atenido a las necesidades y los ritmos de lo que crece mejor sin que lo apuren.

Un trabajo con depresión

Mientras trabajo con el material para este libro, a cada rato me aparece este escrito. Es una desgrabación de un trabajo realizado en Madrid, y me cuesta incluirlo porque no contiene datos del inicio. Sé que proviene de uno de mis últimos viajes a España, de un grupo donde me pidieron permiso para grabar. Yo hice algo que nunca antes se me había ocurrido, y sólo porque estaba preparando el libro: pedí que me dieran una copia de las grabaciones, o los trabajos ya desgrabados. Gracias a ese nuevo sistema pude traer unos hermosos videos registrados en un seminario de Barcelona, y muchos realizados en Madrid.

Durante un tiempo no supe por qué se me hacía difícil poner aquí este trabajo sobre la depresión, dado que yo siempre he relacionado el cáncer y la depresión. Y de pronto me di cuenta de que, aparentemente, sólo estaba poniendo "casos" de encuentros con órganos o partes de nuestro cuerpo. ¿Se dan cuenta de lo fuerte e invasor que es el condicionamiento a que hemos sido sometidos? ¿Se dan cuenta de la extrema necesidad de empezar a enseñarles a los niños a pensar más organísmicamente, dejando de lado el pensamiento lineal que lleva a un enfoque causalista?

María llega al grupo muy deprimida. Tiene alrededor de 37 años, y su cuadro se ha agravado a raíz de un accidente en el que falleció, de un modo terrible, su único hermano. Ella ha tenido varios episodios depresivos, con mucho compromiso psicomotor e ideas autodepreciatorias graves y persistentes. Es una persona a la que conocí en viajes anteriores, y por eso ha aceptado asistir a este seminario sobre el Enfoque Gestáltico de las Enfermedades Psicosomáticas; sabe que para mí todas las enfermedades son psicosomáticas.

María define la presencia de "dos Marías": una Débil (la depresiva), y una Fuerte (la activa, considerada por ella como normal).

Débil: Tú tienes capacidad para hacerlo todos sin críticas. Estás bien. Yo, en cambio, me siento muerta, absolutamente muerta, no siento más que dolor, limitaciones, insuficiencia...

Fuerte: No me extraña. ¿Cómo soportas ese Ministerio de muerte y paralización? A mí me gustaría dedicarme a la profesión en la que me he formado. Y como estás tú, da gracias.

Débil: ¡Qué tengo que dar gracias! Yo no necesitaría nada. Podría desaparecer.

Terapeuta (como la Fuerte): ¿Viste como estás? La verdad es que no soporto ese Ministerio, y cuando no lo soporto más, ahí estás tú... En ese estado. No sé cómo puedes estar así.

Débil: Yo tampoco sé. No quiero estar...

Fuerte: Tú nunca quieres estar, yo lo hago todo.

Débil: Esta negra vida... Así soy, destructiva. No sé cómo puedes existir. Siento envidia.

Fuerte: No me sirves para nada... Te odio.

Débil: Y tú dices que yo soy destructiva.

Fuerte: Es que me cuesta mucho cargar contigo. Tendría que descubrir para qué me sirves... ¡Estoy tan harta! Vienes y me arruinas todo lo que he hecho.

Débil: Yo tengo la capacidad de ver las cosas por las que se sufren los impedimentos. Tú te olvidas...

Fuerte: Es cierto, pero para estar bien uno no puede estar mirando. Tú tienes esa capacidad y lo que ves te aplasta.

Te quedas ahí... si yo pudiera tener esa capacidad y viendo
todo esto sentirme...

Débil (habla con voz más fuerte y segura): Eso estaría bien.
La realidad no son todo flores. Cuando estás ahí no lo
quieres ver.

Fuerte: Así es la vida. Para mantenerme, tengo que hacerme
de este modo.

Débil: Yo soy parte tuya: te doy un poquito de realidad. Como
no quieres verla, me abalanzo.

Fuerte: ¡Cierto! Yo me doy cuenta de que pasa eso, pero no
me puedes comer del todo.

Débil: Yo tampoco lo quiero. Tú eres la parte que sale adelante,
pero quieres dejarme a un lado. Me escondes, por eso salgo
con tanta fuerza cada vez que puedo salir. Yo veo que mi
hermano no podía pelear con la grúa y me siento pequeña
y con límites, pero no débil. Y a ti te siento cobarde.

Fuerte: Bueno, no me lo repitas más. Eso me asusta de ti.
Sé que tienes coraje, pero me gustaría que sólo me dieras
toquecitos de realidad.

Débil: Sé que me tienes miedo, por eso me encierras y no
quieres que salga. Y yo no te tengo miedo. Yo sé que te
necesito y tú a mí, porque sin mí te pones poderosa y no
ves a tiempo los límites.

En estos momentos ha cambiado completamente la situación.
Ahora, la María que se sentó en el lado de la Débil es más
clara, se afirma mejor. La expresión de su rostro ha cambiado
totalmente: ya no se siente ni se la ve como pidiendo disculpas por estar ahí, como sucedía al comienzo del trabajo. Esta
María pudo mencionarle a la Fuerte el tema del hermano y el
accidente, sin sumirse en una tristeza incontenible, que es lo
que había sucedido al inicio del diálogo.

Todo ha ocurrido con ojos cerrados, y en varios momentos
he tenido que reforzar uno u otro de los lados que dialogaban.

Al final, me pongo en el lado de la Débil (la deprimida inicial), y nos acercamos hasta abrazarnos sin temor. Terminado este trabajo, que duró cerca de una hora, María expresó que experimentaba una inmensa paz. Su cambio fue notable durante el resto del seminario: sintió que había salido del pozo depresivo en que se encontraba.

Es probable que este trabajo con una persona con depresión hubiera quedado más "lógicamente" ubicado en el capítulo donde hablo específicamente del enfoque gestáltico y cito algunos casos "tratados" de esta manera. Lo que ocurre es que el caso estaba entre el material perteneciente a sesiones aisladas en una maratón o seminario gestálticos, y me pareció que excluirlo implicaba hacer diferencias entre lo supuestamente orgánico y aquellas enfermedades en las que no se ha demostrado lesión alguna.

Aquí entramos de lleno en el campo de las llamadas enfermedades "mentales", el terreno psicológico propiamente tal. No tenemos ningún órgano al cual acusar, y por lo tanto "acusamos" a la persona entera. Eso es lo que le da características aterrantes a las enfermedades mentales, especialmente aquellas en las que la persona ha sido literalmente desalojada de su cuerpo.

Dice Michel Foucault (14), cuando se refiere a la enfermedad mental y la existencia, luego de analizar la relación con el "tiempo vivido", el "espacio vivido" y el "mitwelt" (siguiendo a Minkowski): *"Finalmente, la enfermedad puede atacar al hombre en la esfera individual en la que se desarrolla la experiencia de su propio cuerpo. Entonces, el cuerpo deja de ser el centro de referencia alrededor del cual los caminos del mundo abren sus posibilidades. Se altera la presencia del cuerpo en el horizonte de la conciencia. A veces, ésta se espesa hasta adquirir la pesadez y la inmovilidad de una cosa; se inclina a una objetividad en la cual la conciencia ya no puede reconocer su cuerpo".*

Afortunadamente, hay siempre más de un personaje dentro de nosotros, sin que eso nos transforme obligadamente en esquizofrénicos. Cuando es fuerte, el diálogo con un órgano al que acusamos de lo que sea —ese diálogo con un otro yo al que reconozco presencia porque alguna vez lo asumí— puede llegar a ser como la más sorprendente película de ciencia ficción.

El caso que cito más arriba es uno de los más suaves encuentros que me ha tocado escuchar en una persona diagnosticada y tratada como una depresiva importante. Lo que alguna vez me permitió afirmar que el cáncer y la depresión son "las enfermedades de la omnipotencia" son precisamente la omnipotencia y destructividad presente en esos diálogos*.

Los pacientes con depresión psicótica llegan a extremos de negación de sí, de fijeza del tiempo y bloqueamiento del futuro, iguales a los que alcanzan las personas con depresiones graves en relación a quienes las rodean. No sólo ellos se transforman en objetos despreciables: también extienden esto a aquellos que sienten más próximos, y eso es lo que los hace temibles y destructivos.

Úlceras al duodeno. Trabajo con un intestino delgado

Estamos en un seminario en Barcelona, y sale Juan al centro. Todos saben ya cómo hemos de trabajar: previamente hicimos algunos ejercicios en los que "fuimos" diferentes órganos, e interactuamos. Cada uno eligió preferentemente aquello que sentía que le había ocasionado molestias.

Juan se instala en un cojín y comienza por ser su intestino delgado.

Intestino delgado: Soy alargado, estoy situado dentro tuyo. Soy liso, separado del resto de los órganos. Estoy en esa posición del medio, entre el estómago y el intestino grueso. Estoy inmediatamente después del estómago; tengo mucha

---

* Schnake Silva, Adriana: "Lo organísmico y autoestructurantes en terapia gestáltica", en Esto es Gestalt, Ed. Cuatro Vientos, Stgo. de Chile, 1978.

irrigación, mucha humedad, cantidad de glándulas, muchas terminaciones nerviosas. Como un sistema de regadío. Llegan muchas cosas. Soy blanco, rosado, con esos colores sensibles... Con cantidad de secreciones, de muchas cosas. Hay momentos en que estoy lleno, echándole esos jugos a todos esos alimentos, para aflojarlos y sacarles esas cosas que nos van a servir para nutrirnos. Mi trabajo principal es transformar esos alimentos. No puedo escoger ni separar. Tengo que apechugar, no me queda otra alternativa, estando aquí al medio, como estoy.

Terapeuta: Dile a Juan cómo te sientes.

Intestino Delgado: Siento que estoy haciendo un trabajo muy valioso para ti. Que gracias a mí puedes vivir, moverte, que afortunadamente ahora estoy bien.

Juan: Durante mucho tiempo no hacías bien las cosas. Yo sufría por ello.

Intestino Delgado: Ya te dije que mi trabajo principal es transformar, y ha habido momentos en que no he podido hacer mi trabajo bien: me llegaban muchas cosas que no podía digerir. Tú no elegías, no mirabas lo que echabas adentro. Eras una boca nomás...

Juan: Es que no me enteraba de nada y me parecía que esos alimentos te gustaban y los saboreabas y estabas a gusto, haciendo muy bien tu trabajo. Y después fue diferente; no me daba cuenta cuando esas porquerías te molestaban, y ya estaban adentro... Ahora siento delicadeza por ti. No te he escuchado, y tengo que escucharte.

Intestino Delgado: Las situaciones más angustiantes venían por la tarde, cuando hacía mucho calor. Ese calor que abrasaba. Te costaba respirar, trabajando ahí con tu padre y tus hermanos...

Juan: Cuando había **echado muchas cosas para adentro y no podía más, devolvía**. ¿Te acuerdas que eso lo aprendí de chico? Me contraía para abajo y devolvía. Y mi mamá me metía unas gomas por abajo para lavar el estómago.

En este momento se hace importante que Juan, que ha descrito muy bien todas las funciones del intestino y que se siente increíblemente identificado con él, no tenga errores o distorsiones significativas en esta parte de su aparato digestivo. Para ello, me pongo en el lugar del intestino delgado.

Terapeuta (como Intestino Delgado): Sí, tu mamá decía eso, pero a mí no me llegaba nada de abajo. **Yo mando lo que no sirve para abajo:** huesos de aceitunas y muchas otras cosas. **Tampoco devuelvo para arriba. Eso es algo que puede hacer el estómago, y que me sirve cuando el exceso ha sido mucho.**

Juan: Me da gusto saber que puedes mandar algo hacia abajo. La verdad es que estabas como escondido ahí. Eramos como dos amigos que no charlan. Y tú eres el más parecido a mí, así delgado y trabajador, en medio de los otros que hacen menos que tú. Pero me gustó saber que al estómago le llegan cosas indigeribles y las puede echar para afuera. Total, él es muy fuerte y no es demasiado lo que hace, aunque así son las puertas de lugares importantes: firmes y algo ostentosas.

Juan ha tenido una sorprendente claridad acerca de la relación y el lugar que ocupa en la familia. Estaba hablando de la relación con su padre y sus hermanos; una relación de gran exigencia en la que aparentemente él absorbía todo, juzgando que la actitud evasiva y de poco compromiso de su padre no ayudaba nada. Cuando se dio cuenta de que él era "impresionantemente parecido" a este intestino que necesitó chillar muy fuerte para que Juan lo escuchara, percibió con toda claridad que si hacía más, si absorbía más, era porque tenía las condiciones adecuadas para ello, mientras que el estómago —aunque no se hiciera cargo de muchas cosas— hacía lo que sabía hacer y, a su modo, lo había ayudado tratando de absorber todas las deficiencias con una extrema exigencia, y sin percatarse de las posibles conexiones con la totalidad, que facilitaban su trabajo.

Trabajo con el riñón

Ana se queja de haber tenido molestias y muchos síntomas con su riñón izquierdo. Ha tenido frecuentes hematurias (sangre en la orina), y en las exploraciones clínicas no le han encontrado nada.

Ana (dirigiéndose a su riñón): No sé por qué me dueles tanto y me haces sangrar de esta forma. A veces creo que me avisas que me pare. Ya no puedo más.

Riñón: Yo no sé cómo soy. Sé que soy chico y soy importante. Pero no sé qué hago.

Ana: Pero igual a mí me molestas y siempre me pides que me pare.

Terapeuta (como riñón): ¿Cómo es eso de pararse? Yo no paro de trabajar nunca. Y tú, que no sabes lo que hago, entiendes que te pido que no trabajes.

Ana: Es que cuando no puedo más, tengo que parar de trabajar.

Terapeuta (como riñón): A mí me molesta mucho que digas cosas de mí, como que no quiero que trabajes. Para mí, el trabajo es muy importante. Yo no paro. ¿No sabes que toda tu sangre pasa por mí y yo la limpio? He soportado que me hagan cosas que dificultan más mi trabajo.

Ana: Yo creía que tú no querías que yo trabajara.

Riñón: Yo seguía mi trabajo y tú no te enterabas de nada. No me escuchabas y no querías saber ni dónde estaba. Lo sabes de casualidad. De la época en que estudiaste ciencias naturales no te has vuelto a fijar en mí.

Ana: Pero me has hecho doler y fuerte.

Riñón: Es para que te enteres de que existo y que estoy contigo.

Ana: Pero si cada órgano tuviera que dolerme así para enterarme...

Riñón: Es que no te enteras de nada. Sólo quieres más: comes

más, quieres más cosas, que te quieran más..., y a mí me
tratas como a un extraño. Me llevas al médico, te ponen
anestesia y a mí me meten ese maldito contraste. (Llora).
¡Empieza a conocerme un poquito! Mira que tengo una
función muy importante y tú no quieres enterarte.

Ana: Me da pena no saber mejor lo que haces. Ha de ser algo
muy difícil para mí.

Terapeuta (como riñón): No creo que eso de limpiar sea difícil
para ti. Tal vez lo sea la facilidad con que yo discrimino,
lo que dejo entrar y cómo selecciono lo que pasa por mí.
Dejo salir todo, pero después elijo.

Ana: Ahora mismo te admiro un poco: sabes lo que quieres
y sabes discriminar. Me gustaría saber lo que quiero y lo
que no quiero.

Terapeuta (como riñón): ¿Y qué te impide saberlo?

Ana: No he sabido muy bien dónde está mi territorio. Desde
pequeña me costaba mucho hacerme un espacio y no sé
cuál es el de los demás.

Terapeuta (como riñón): Entonces tomas y entregas cualquier
cosa. ¡Pobrecita!

Ana: Ya no quiero ser pobrecita; no quiero que me digas así.

Terapeuta (como riñón): Es que si a mí alguien me confundiera
así, me acabo como riñón. Tendrías que cambiarme por
una máquina. Me da pena que no sepas algo que para mí
es tan fácil y esencial.

Ana: Es que me confundo. A veces sé lo que veo, si lo pienso con
la cabeza..., pero luego me confundo en el espacio de los demás. Es como que me tuvieran que dar todo y como que yo
tuviera que dar todo. Y me pierdo de cómo funciono y no me
entero de nada. Me enamoro, empiezo una relación, me de-
jan y no sé dónde estoy, me pierdo, no me entero de lo mío,
de lo del otro, de nada. Solamente quiero tenerlo a mi lado,
pegado. No soy capaz de discernir lo que realmente quiero,
lo que me interesa. Tienen que estar muy pendientes de mí.

Terapeuta (como riñón): Tanto tiempo hace que te vengo mostrando... Veinte años. Tú podrías haber aprendido de mí, podrías haberte dado cuenta de la facilidad con que me puedo desprender: dejo salir el plasma, luego lo recojo. En un minuto limpio cinco litros de sangre. Tú dices que te confundes. Lo que pasa es que a ti no te gusta esto que yo hago, esta capacidad de discriminar. Te haces la que todo te da lo mismo.

Ana: A mí me cuesta desprenderme, eso de discriminar.

Terapeuta (como riñón): Hemos estado juntos desde que nacimos. Si yo, como riñón, puedo, tú también. Tienes la capacidad.

Ana: Es la primera vez que te escucho.

Dejamos que Ana vuelva a ser el riñón, con lo que podemos darnos cuenta si realmente ha aceptado como propia la función de este órgano.

Riñón: Me siento mucho mejor ahora que me escuchas. Me siento más a gusto como órgano que trabaja y que sabe lo que hace. Me queda muy bien. Por fin me has escuchado, aunque me querías interrumpir.

Ana: ¿Por qué crees que te quería interrumpir?

Riñón: Pues como no te enteras más que de ti, haces como si la otra persona no estuviera.

Ana: Es que a veces no escucho a los demás porque ya sé lo que van a decir.

Riñón: Es algo que te pasaba con tu madre: sabías lo que te iba a decir y lo que no, que no hicieras esto o lo otro... Por eso no la escuchabas y aprendiste a no enterarte. ¿Y ahora te estás enterando?

Ana: Sí. Te estoy escuchando y estoy entendiendo.

Riñón: Bueno, ahora estoy mucho más contento y mi compañero también.

Así, de esta forma, hemos ido trabajando con la mayoría de los órganos y sistemas de nosotros mismos y de las personas que han acudido a nuestros grupos.

En general, pedimos a la persona que empiece por ser la parte "acusada"; que se describa frente a sí misma. El diálogo se da entre ellas, no con el terapeuta de intermediario. Es entonces cuando empezamos a notar las dificultades que tiene la persona para mencionar en presente y en primera persona alguna de las características que está describiendo. Puede ser que se resista a nombrar funciones evidentes o esenciales; no logra hacerlo, a pesar de que el terapeuta insista en preguntarle para qué sirve.

Por ejemplo, personas que no mencionan que la piel sirve para el contacto, o las articulaciones para facilitar el movimiento; personas que "siendo" hueso no incluyen la rigidez... Con frecuencia, en ese momento tenemos que colaborar en el diálogo, poniéndonos en el lugar del órgano acusado para decirle a la persona —que a esas alturas ya está en plena pelea— que no nos conoce, y quiere manejarnos o cuidarnos. Aprovechamos esa circunstancia para describir algunas de esas características importantes que la persona omitió.

Es evidente que las características evitadas o no reconocidas de la función de un órgano, son la clave de un conflicto que la persona está negando, o eludiendo, o no aceptando por algún motivo.

En ocasiones, no es lo negado lo que aparece como motivo central del malentendido, sino las características que la persona le atribuye al órgano y la exigencia de que las cumpla, frente a la rebeldía del "acusado", al que no se le acepta como es. Esta situación se da con llamativa frecuencia en el aparato digestivo, especialmente en el estómago y el colon.

Al estómago generalmente se le atribuyen más funciones que las que tiene, y se le exige que asuma un **rol protagónico que no le interesa**, ni para el que está preparado. Qué decir del colon: basta ver la actitud que ha tenido la humanidad con lo que considera desechos.

En los diálogos se hace patente el sentido que puede tener esa enfermedad para esa determinada persona. Por supuesto, es obvio que si ya se ha iniciado un proceso que la medicina conoce y puede ayudar a revertir adecuadamente, debe continuar, siempre que la persona se dé cuenta de que la medicina está ayudándola sólo en un aspecto de su cura. La cura radical ocurrirá en la medida en que la persona sea capaz de ir dándose cuenta de que este cuerpo y esta vida que lo anima son algo más que su propia casa: son un universo en sí, que contiene todas las preguntas y las respuestas de todo aquello que buscamos fuera.

El terapeuta, el facilitador gestáltico, el profesor y —por qué no— el médico, son los que tienen que ir preparando a las personas, especialmente a los niños, para que rescaten su cuerpo y no sean despojados definitivamente. Es para esto para lo que el terapeuta necesita una idea general y desprejuiciada respecto de procesos básicos y funciones elementales. Es indispensable que sea capaz de auxiliar al "acusado", no permitiendo que lo traten como a un minusválido que depende en todo de la persona; que a estas alturas queda claro que "la persona" no es otra cosa que sus procesos mentales.

El terapeuta actúa sin teorías, sin interpretación alguna. Y especialmente, sin ninguna necesidad de saber nada de la vida del sujeto. Actúa sólo corrigiendo los absurdos de información que ese sujeto pone en boca del órgano afectado.

Aunque la persona se interese y se informe, si hay una gestalt patológica, continuamente vemos cómo se vuelve a repetir el equívoco.

En el caso de Juan vemos que él aprendió muy bien la función del intestino delgado y sus relaciones con el estómago y el colon. Sin embargo, cuando el intestino "recordó" los lavados y vómitos de la infancia, se los atribuyó a sí mismo: era el intestino delgado el que soportaba los lavados y el que aprendió una técnica para vomitar. La información oportuna consistió en mostrarle que era Juan el que vomitaba, y que para eso lo ayudaba el estómago. Los lavados jamás llegaron al intestino delgado; el recto —y en parte podría ser el colon— los soportó. Esta información produjo un increíble alivio al intestino delgado, que aunque se reconoce tan trabajador como Juan, no está solo. También Juan vio desde otra perspectiva la actitud de su padre y hermanos.

Se me hace difícil terminar este capítulo sin citar aunque sea un trabajo con alguno de los órganos que con más frecuencia han estado presentes en nuestros grupos, como son el corazón, el estómago, el colon, los ovarios, el útero y las mamas. No es fácil incluirlos, porque se trata de trabajos largos, que ocuparían casi la misma extensión que este libro.

Al estómago le debo unas líneas muy especiales, porque fue el primer órgano con el cual asocié la posibilidad de un cáncer cuando, desde la descripción del proceso mismo, me pareció una enfermedad tan omnipotente. Recuerdo que cuando leí en el libro de fisiología de Houssey (24) que *"el estómago no es un órgano indispensable"*, pensé: ¡pobre estómago!, tal vez encuentre un modo de hacerse respetar distinto que el cáncer. Después de todo, en los bebés aparece tan importante...

Ya mencioné antes que hemos comprobado que frecuentemente se le exige al estómago hacer o ser más de lo que es. Citaré, reducido, un ejemplo de esto.

Cáncer de estómago

Gabriel es una persona muy inteligente, exitosa y sensible; tuvo un encuentro con su estómago después que lo habían operado y le habían extraído una buena parte de este órgano. En realidad le habían dejado muy poco, debido a la presencia de un muy pequeño grupo de células neoplásicas.

Como estómago, Gabriel dice: *"Soy muy activo, muy trabajador, extremadamente sensible... Y tú me llenas de cosas difíciles; no me alcanza el tiempo para todo lo que tengo que asimilar. Estoy trabajando todo el día, y tú sabes que soy delicado; no puedo soportar cosas difíciles de digerir. Es cierto que soy firme, pero por dentro soy muy blando y sensible...".*

Un estómago al que se le atribuyen estas características, le pide a esa persona que lo cuide. Por supuesto que el discurso de este estómago no es en absoluto el discurso de ningún estómago. El sujeto pone en boca de su estómago lo que él cree que es positivo, o lo que el médico le dijo alguna vez. En el transcurso del diálogo, el estómago le pidió a la persona que no se "tragara" las rabias. El encuentro podría haber terminado en una total armonía y acuerdo, cosa que a esta persona le resultaba fácil. Una persona que se da cuenta de qué se trata y decide que el cambio ya se operó. Algo muy frecuente en las personas omnipotentes: llegan a ser omnipotentemente humildes, y sin darse cuenta quieren controlarlo todo.

Ocupo, entonces, el lugar del estómago, para corregir la información. Le digo a Gabriel: *"Aunque me quede poco de lo que era, por favor no me cuides, porque no me conoces. Yo no soy tan importante, aunque soy fuerte: produzco un ácido que pocas partes del organismo soportarían. Tampoco soy tan trabajador: lo más importante que hago es desestructurar, romper las grandes moléculas de proteínas. Nunca fui indispensable. Y no veo por qué no puedo estar ubicado en el medio, en el centro, aunque haga menos que otros. Por otra parte, es cierto que siempre fui chillón, y eso era muy útil cuando tú eras bebé, así sabían cuándo tenían que alimentarnos. ¿Quién lo escucha a uno después?".*

Gabriel respondió con su habitual rapidez: *"Sí, tienes razón. Tal vez yo era el que me sentía importante y más indispensable de lo que soy. Y en vez de escucharte, te puse cosas que no eres".*

Al finalizar el trabajo, como estómago aceptó muy bien las características que se le habían mostrado. Es de esperar que a partir de allí se dé la posibilidad de desarrollar esos aspectos, aun cuando le haya quedado tan poco estómago.

Para terminar este capítulo mencionaré el trabajo que hemos ido desarrollando con quienes han participado de los seminarios. Consiste en la descripción de las características personales que tendría que tener alguien que fuera como nuestros órganos, características que han sido deducidas de la función, forma y consistencia de cada uno de ellos. Por supuesto que esto incluyó un largo trabajo de aprendizaje vivenciado de aspectos anatómicos y fisiológicos de nuestros órganos. Logramos tener fichas que orientaran el trabajo y que aquí sólo podremos mostrar como ejemplo, ya que son demasiadas.

En nuestras dramatizaciones, la risa y la alegría han sido compañeras constantes. Es esto lo que seguramente ha favorecido nuestra producción de endorfinas, lo que sin lugar a dudas ha sido un factor importante en la cohesión y armonía lograda en cada encuentro.

Las fichas de los órganos

Transcribiremos aquí, dos de las Fichas que usamos y que han sido realizadas por nuestros alumnos de la Escuela de Gestalt de Santiago y los de los Cursos de Mendoza, Buenos Aires y Córdoba en Argentina. El trabajo para tener Fichas de prácticamente todo el cuerpo humano ha sido arduo, ya que ha requerido una corrección y pulimientos extremos, para hacerlo operativo, simple y al mismo tiempo que no deje fuera elementos esenciales.

El poder contar con este material lo debemos en primer lugar a la coordinadora de nuestro Centro: Marina Varas y al subdirector de nuestra Escuela, el psicólogo Antonio Martínez, quienes se han preocupado no sólo de corregir el material, sino también de conectarse con las personas que en los distintos Centros han hecho valiosos aportes. Este es el caso del Dr. Carlos Gatti en Buenos Aires, que ha trabajado con Grupos Formativos del Centro San Isidro, del Centro Luz de Luna y de la Asociación Gestáltica de esa ciudad (AGBA). Así mismo han recibido el aporte de la Dra. Irma

LA PIEL

La piel está formada por tres capas celulares: epidermis, dermis e hipodermis. Es el órgano más grande y su peso aproximado es de 4 Kgs. Y su superficie es de 1,9 a 2 metros. Cubre todo el cuerpo, excepto a nivel de las cavidades donde se continúa con mucosa. Es un órgano de contacto, como los pulmones.

Es un límite entre la persona y el medio externo. Es casi impermeable a algunos agentes externos (gérmenes y otros), sin embargo, permite la salida de sustancias propias del metabolismo que deben ser eliminadas en el sudor, lo que la hace ser un órgano excretor.

Tiene una gran cantidad de terminaciones nerviosas que nos permiten darnos cuenta de lo que sucede a nuestro alrededor. Debido a esto se considera uno de nuestros órganos de los sentidos. Las sensaciones que transmite son: tacto, presión, dolor, temperatura, sexualidad alerta.

Funciona como un verdadero termostato, manteniendo estable la temperatura corporal. La piel es elástica: en la dermis, que es la parte más gruesa de ella hay gran cantidad de fibras elástica: colágeno y elastina, para mantener la forma.

CARACTERÍSTICAS COMO PERSONA

Protectora	Delimitadora
Sensible	Sensual
Suave	Alerta
Cálica	Delatora
Íntegra	Capaz de eliminar lo tóxico
Capaz de retener lo útil	Adaptable. Flexible

Sabe poner límites y establecer contacto si a dejarse invadir. Y es fundamentalmente elástica, flexible y adaptable.

SISTEMA RESPIRATORIO

La parte esencial de nuestro aparato respiratorio la constituyen los pulmones.

El aire nos llega desde el exterior por las fosas nasales y boca, sigue por la faringe, laringe y por la tráquea que en su parte inferior se divide en dos ramas llamadas bronquios, los que a su vez se dividen y entran en los pulmones.

El aire en cuanto a su composición gaseosa, entra a los pulmones como está. Ninguna parte del aparato respiratorio puede o tiene la capacidad de purificarlo. Sólo se pueden retener minúsculas partículas o elementos no gaseosos.

PULMONES*

Son dos masas esponjosas y elásticas de color gris, situadas dentro de la caja torácica, protegidas por las costillas y el diafragma. Están rodeados de una membrana delgada y reluciente llamada pleura. Tienen mucha movilidad. El pulmón derecho es un poco más grande que el izquierdo, que tiene un lóbulo menos (2) ya que deja un espacio donde se aloja el corazón. Los bronquios se van ramificando, como un árbol en ramas cada vez más finas que se dilatan en sus extremos formando unas especies de vesiculitas llamadas alvéolos pulmonares. Es en estos alvéolos donde se produce el intercambio gaseoso, entre el aire y la sangre. La sangre toma el oxígeno del aire y entrega bióxido de carbono y vapor de agua.

Los pulmones son el principal órgano de contacto entre el exterior y el interior. La superficie de los alvéolos es mayor que la de la piel, es de aproximadamente 70 metros cuadrados.

Los pulmones son movidos pasivamente. Al inspirar el aire entra y los distiende, el diafragma baja y la caja torácica se expande. Mientras el corazón esté mandando sangre, se los puede hacer funcionar indefinidamente.

CARACTERÍSTICAS COMO PERSONAS

Pasivos	Receptivos
Flexibles	Dependientes
Indiscriminados	Comunicativos

* Ver página 75. Un trabajo con un paciente con cáncer de pulmón.

Saffe en Mendoza, que ha corregido y perfeccionado los trabajos hechos en el Grupo formativo de Tunuyán y Mendoza.

A cada uno de ellos y a todos los alumnos de post grado que han colaborado con esta tarea, les estoy profundamente agradecida ya que han sido fuente de motivación permanente para seguir explorando en un camino que cada día nos depara más sorpresas.

Como ejemplo de estas fichas transcribiremos las correspondientes al Pulmón y Piel.

Al final de este libro hemos puesto las direcciones de los Centros e Institutos que han trabajado con este esquema y a dónde pueden recurrir las personas que quieran más información.

La ficha tiene el tamaño de una hoja de carta doblada en dos y que eventualmente puede ser plastificada, para ser colocada en un fichero al que se puede recurrir fácilmente.

En algunas hay un esquema del órgano de que se trata, aunque esto de ninguna manera es necesario ya que todo el que se ha interesado en este enfoque ha tenido una práctica y experiencia suficiente como para tener una noción clara del aspecto y forma.

En un lado de la Ficha están descritas las características anatómicas y fisiológicas del órgano, poniendo especial énfasis en corregir los errores de información más frecuentes. En el otro lado anotamos, enumerando las características que tendría ese órgano como persona, de acuerdo a su función y constitución.

En las páginas anteriores he puesto dos de las Fichas que usamos habitualmente. No puedo hacer lo mismo con todo el resto, por razones de espacio y tiempo, ya que necesito entregar esta revisión de la tercera edición de este libro a la brevedad. Sin embargo quiero aprovechar este espacio para citar otros de los modos como facilitamos el aprendizaje vivenciado de nuestro cuerpo.

Pedimos a nuestros alumnos que una vez que se han compenetrado de las características de diferentes Sistemas u órganos inventen una Fantasía dirigida o Visualización sobre el tema que trabajaron más puntualmente. De la misma manera les pedimos que nos hagan relatos de impresiones o "descubrimiento" que han tenido al representar diferentes órganos. Es notable como en este aspecto los propios médicos "descubren" lo obvio. Para ilustrar esto quiero citar un relato que me envió el Dr. Carlos Gatti. Citaré las partes más relevantes:

"Me impresionó comprender que dos huesos duros necesitan espacio libre para darle movimiento a la pierna. Reconocí la fuerte atadura que constituye una articulación entre dos huesos. Si, ya me había impresionado saber de lo duro y sostenedor de los huesos y aceptar que algo de esto tenía que tener dentro de mí. Primero pensé: "¿debería tener?... después supe —siendo hueso— que sí tenía".

Sin embargo, eran los músculos los que permanentemente me llamaban la atención y se me contracturaban... y ellos son blandos (¡!) Y entonces fui una fibra muscular y así supe de la relación entre estos filamentos de proteínas duras e inextensibles y el espacio vacío que hay entre un segmento y otro y me di cuenta que de esta relación surge el movimiento. Tuve una inmensa alegría al darme cuenta que soy algo duro relacionado con espacios libres en una proporción mínima".

Relato de una fantasía dirigida

A continuación incluyo una de las fantasías dirigidas realizada por una de nuestras alumnos de post-grado.

SISTEMA ENDOCRINO
Visualización
Este trabajo es una elaboración personal de la psicóloga Ketty Hamuy sobre el sistema endocrino, como cierre de la tarea

desarrollada en el curso "Enfoque holístico de la Enfermedad" en el año 1996 en Argentina, en el Centro Luz de Luna.

"Nos sentamos en un lugar cómodamente. Llevo la atención a mi respiración... voy sintiendo mis apoyos o puntos de contacto con la superficie... Me acomodo aflojando cada vez más mi cuerpo. Inspiro profundo y exhalo lentamente... de nuevo... y otra vez más... cada vez más profundo... Nos vamos imaginando que somos una cámara que va focalizando los diferentes escenarios donde va a transcurrir la acción. Nos empezamos a convertir en nuestro propio camarógrafo. Con la cámara interna viajera hacemos un recorrido desde nuestra cabeza a los pies... Inspiramos y llevamos la cámara hacia nuestro interior, hacemos un paseo por la cavidad craneana, por la garganta, por la zona gastrointestinal (con su estómago, páncreas, intestino), por los riñones y por la zona del aparato reproductor (genitales). Siento cada una de estas áreas... Siento cada uno de estos escenarios en mi propio cuerpo.

El reflector va iluminando estas diferentes zonas. Estas partes mías son zonas fabriles y tienen en común que contienen glándulas. Estas glándulas no poseen conductos al exterior, por lo tanto todo lo que ellas fabrican lo vierten a mi sangre. Estas sustancias aquí fabricadas las llamamos HORMONAS... Con la ayuda de reflectores y efectos especiales bañamos con una lluvia de luces estas fábricas - glándulas que componen nuestro SISTEMA ENDOCRINO.

Llevamos el foco de luz hacia la parte superior del cráneo. En una cómoda cavidad, sentada en la silla turca encontramos una masa ovalada de apenas un centímetro, es nuestra HIPÓFISIS. El visor de nuestra cámara enfoca la parte de atrás que produce dos hormonas que ya aparecen en imagen: la VASOPRESINA, que regula la función renal y la OCITOCINA, que tiene que ver con las contracciones del útero en el parto y con la lactancia.

Ahora iluminamos la parte de delante de la hipó-fisis. Encontramos una gran fábrica de seis hormonas distintas. Una tiene que ver con el crecimiento, es la SOMATOTROFINA. Las otras cinco actúan a través de otras glándulas endocrinas que iremos recorriendo y que luego las presentaremos ante cámaras... Por ahora nos imaginamos en su lugar cinco goteros de diferentes colores. Son goteros porque ejercen las acciones en concentraciones muy bajas. Las gotas que salen de cada gotero hacen viajes de grandes distancias, desde aquí que es donde se originan hasta sus puntos de destino, tan sólo, para ayudarnos a regular u mantener bien nuestro metabolismo y balancear las funciones de otras glándulas, con un sistema de autorregulación perfecto. Intervienen cuando hay secreción demás, inhibiendo y si hay de menos, estimulando y activando.

El lugar de la hipófisis es la de un director de orquesta, está en todas partes, con cada uno, para que todo este equilibrado... Esta atento a todos y a todo.

Coloreamos de color lila la hipófisis... Nos vamos corriendo de este escenario con una suave luz lilácea, sabiendo que aquí se siguen produciendo más hormonas útiles no del todo conocidas.

Cambiamos de escenario... bajamos la cámara al interior del cuello. La lente abarca ambos lados de la tráquea y por debajo de la laringe... Enfocamos dos ló-bulos pequeños de 30 gr. Que rodean nuestra laringe: son las TIROIDES. Es un área muy activa... La luz en esta toma es amplia y nos ayuda a conocer la sustan-cia proteica yodada que contienen las células de mis tiroides. Aquí fabricamos hormonas importantes para el mantenimiento del cuerpo. La presión, el cansancio.

También hay otras que influyen en nuestro crecimiento, en como metabolizamos el agua, grasas, proteínas, hidratos de carbono y sobre las hormonas sexuales, sobre la circulación sanguínea, y centros del cerebro. Están muy conectadas con las hormonas que almacenamos en los goteros de la hipófisis y responden eficazmente liberando lo que necesitamos.

Desplazando muy poquito la cámara hacia los bordes de las tiroides, focalizamos cuatro pequeñas pelotitas ovaladas englobadas no tan profundamente en el tejido.

Aquí en las PARATIROIDES producimos una hormona que actúa sobre nuestros huesos, determinando su estructura y consistencia, sobre los riñones regulando su funcionamiento y sobre la sangre nivelando la concentración de calcio.

Coloreamos toda esta escena con una lente de color azul...

Descendemos nuestra cámara a la zona del tubo digestivo... Iluminamos utilizando una gran luz principal y llevamos el zoom al PÁNCREAS, para captar que es lo que segrega internamente, sin tener en la mira de nuestra lente la secreción externa que interviene en el proceso de la digestión... ¡Luz!... ¡Cámara!... y Acción a una zona hiperactiva, a unos islotes que están en mi páncreas, donde se forma el jugo pancreático. La dulce hormona protagonista se llama INSULINA, nivela el azúcar en sangre, estimulando que nuestro organismo la consuma y transforma el azúcar en otras tantas cosas que necesitamos... Estimula a su vecino, el hígado, para que el exceso de glucosa lo almacene como glucógeno... y como buena previsora nos estimula a reservar bien almacenados aminoácidos y grasas.

En este escenario del páncreas hay junto a la insulina, otra hormona que hace su aparición sólo en situaciones de aumentada demanda y por eso se la llama la hormona del estrés, siendo su verdadero nombre GLUCAGON.

Ponemos un filtro amarillo en la lente de nuestra cámara viajera para que tiña esta zona de color amarillento...

Continuamos con nuestra imaginaria cámara interior un poco más abajo, hacia los riñones... Orientamos los focos de luz a la parte superior de nuestros riñones... Encontramos unas cápsulas triangulares que se preparan para su presentación: ¡"Aquí, con nosotros las SUPRARRENALES, con su parte externa y su parte central...!". Enfocamos la parte central o médula... Hacemos un primer plano de dos hormonas: la ADRENALINA y la NORADRENALINA, grandes mensajeros químicos.

La noradrenalina facilita las neurotransmisiones...

De repente... PUM... escuchamos ruidos fuertes... Vivenciamos una escena de sobresalto... nos asustamos... sentimos miedo... todo se acelera en nuestro organismo... aumenta nuestra frecuencia cardíaca y la irrigación muscular - esquelética. Ya empezó a actuar nuestra conocida y querida adrenalina...

Como me hace falta más energía, más alimento y necesito que todo salga rápido, la adrenalina también relaja el músculo bronquial, disminuye mis movimientos intestinales, transformando en Glucosa el azúcar que tengo almacenado en mi hígado y deja mi cerebro en un estado de mayor alerta. Nos alejamos de la escena que acabamos de vivenciar más calmos y tranquilos... llevando nuestro teleobjetivo a la parte externa o corteza suprarrenal.

Por la influencia de los goteros que alojamos en la hipófisis procesamos y liberamos aquí CORTICOI-DES, estimulando mi secreción biliar, retarda e inhibe cualquier inflamación y reacción alérgica... Imagino en alguna parte de mi cuerpo una zona muy inflamada... percibo la inflamación... mientras... el gotero ACTH de la hipófisis larga unas gotas que van por la sangre con ADRENOCORTICOTROFINA... llegan a este lugar en la corteza suprarrenal... estimulando para que aumente la producción de glucocorticoides... y como respuesta empezamos a sentir que baja la inflamación.

En este escenario contamos con la presencia estelar de: EL CORTISOL, se destaca en su actuación porque colabora en convertir las proteínas en glucosa, la almacena como glucógeno, moviliza los depósitos grasos, ayudando en el metabolismo de hidratos de carbono y aumente la hemoglobina.

Tengo más hormonas actrices en la corteza, pero ya no tienen que ver con nuestros goteros de la hipófisis. Tienen más relación con el riñón... la más famosa es la ALDOSTERONA y es la que regula la sal, el agua y el potasio para que no se pierdan y hace que nuestro riñón reabsorba el sodio.

Con un color naranja pintamos este escenario... mientras con nuestra cámara nos distanciamos de todas estas hormonas que regulan nuestro metabolismo y nos vamos acercando a las que regulan la reproducción.

Cambiamos de escenografía...

Descendemos hacia el escenario de nuestros órganos sexuales... Seas hombre o mujer empieza a sentir tus formas, tus cavidades y protuberancias... y cuales son sus funciones... Ponte en contacto con tu ser femenino si eres mujer o tu ser masculino si eres hombre...

*Se hace cada vez más nítida la imagen de las
siete hormonas vedettes que intervienen en este nuevo
escenario... Dos de estas vedettes son segregadas por
los goteros que alojamos en la hipófisis anterior. Una
se llama FOLICULOESTIMULANTE porque va trayendo
desde allá arriba su mensaje por la sangre y estimula
en ti que eres mujer el crecimiento de los folículos
ováricos y produce ESTRÓGENOS... Y en ti que eres
hombre produce espermatozoides y los hace madurar.*

*La otra hormona se llama LUTEINIZANTE, también
viene de ese viaje largo desde los goteros navegando
por sangre, estimulando en ti que eres mujer que se
rompa el día 14 el ovocito y produce PROGESTERO-
NA. En ti hombre estimula el testículo en una célula
específica que tiene un receptor capaz de reconocer
esta hormona, como una llave que introducida en la
cerradura correcta abre la puerta y libera o descarga
ANDRÓGENOS y produce TESTOSTERONA...*

*Una a una desfilarán por esta pasarela las vedettes
que restan... "Con ustedes: La Testosterona!". Es segre-
gada por los testículos siendo la Hormona Masculina,
es un material valioso que desarrolla los caracteres
sexuales primarios: pene, vesícula seminal, próstata y
los caracteres sexuales secundarios como la voz.*

Las mujeres tenemos las siguientes hormonas:

*ESTRÓGENOS u Hormona Femenina que esta en
los ovarios y nos hace ser más seductoras desarrollando los caracteres sexuales primarios y secundarios.
También actúa en el crecimiento de los huesos y en
distribuir los depósitos grasos.*

*PROGESTERONA: es la hormona del embarazo,
prepara el útero para implantar y gestar el huevo
fecundado y produce cambios en las mamas para la
lactancia.*

En caso de embarazo producimos:

OCITOCINA: aparece el último trimestre y facilita la eyección de la leche.

PROLACTINA: produce la leche, recién actúa después del parto.

Coloreamos esta pasarela de color rojo, pintamos nuestra zona genital de rojo. Captamos con nuestra cámara la imagen de todo este maravilloso equilibrio de nuestro sistema endocrino. Nos da escalofrío... cada vez siento más frío... es que tenemos un estrecho colaborador: nuestro SISTEMA NERVIOSO CENTRAL. A través del HIPOTÁLAMO le informa con neurotransmisores a la hipófisis si tenemos frío o calor, y luego la hipófisis actúa sobre nuestra tiroides para que ella nos regule la temperatura. Vuelve el retorno de toda esta información al Sistema Nervioso Central para que cesen los estímulos sobre la hipófisis. Estas informaciones van y vienen... y este feedback con el hipotálamo nos permite un funcionamiento garantizado, que incluye también nuestro sistema inmunológico y actúa sobre nuestro comportamiento y actividad psíquica.

Vamos coloreando de blanco este sistema de circuitos cibernéticos donde, cada componentes se mantiene informado del estado o funcionamiento de las glándulas en constante retroalimentación.

Agradecemos a todas nuestras hormonas por su desempeño y eficaz rol de mensajeros químicos, por mantenerse circulando en niveles constante y en concentraciones adecuadas.

Trasladamos lentamente nuestra cámara viajera interior hacia el exterior... con el zoom vamos haciendo un plano de todo nuestro cuerpo... sentimos que somos una unidad... hacemos un paseo por todo nuestro cuerpo... voy sintiendo esta unidad que soy... la coloreamos

de un blanco brillante y nos vamos reconectando con
nuestra respiración... vuelvo a sentir como pasa el aire
al entrar por mi nariz y como sale... Una vez que me
reconecto con mi respiración, me voy también conec-
tando con este día... y con este lugar".

Fantasías o visualizaciones como estas son seguidas de algún trabajo en el que se pide a los alumnos que representen vivencialmente, alguna de las glándulas u órganos. La vivencia de ser cada uno de los órganos es indispensable para este trabajo con las enfermedades.

Ya he explicado el largo y exhaustivo trabajo que nos hemos dado para poder usar este enfoque, la necesidad de que nosotros, los terapeutas o facilitadores volvamos, a reposeer nuestro propio cuerpo, aprendamos a vivenciar nuestros órganos.

Desde esa experiencia hemos buscado las características más relevantes que tendría cada órgano al hablar de sí. Obvio que en el diálogo con la persona, primero tiene que describirse como tal.

Adjuntamos la lista que describe algunas características de cada órgano o sistema, personificándolo.

Listado de órganos

Corazón: Humilde, emotivo, no se jacta, persistente, generoso,
	vulnerable, autónomo, fiel, trabajador, incansable, sensible
	(a las demandas de otros), noble, descansa tanto como tra-
	baja, altruista, trabajo y reposo son igualmente importantes,
	se alimenta menos a sí mismo cuando envía la sangre a
	los demás (sístole).
Arterias: Sensibles, reactivas, rítmicas, profundas, delicadas,
	coordinadas, elásticas, tensas, dependientes, sincrónicas.
Boca: Suave, acogedora, sensible, blanda, expresiva, ensuciable,
	sensual, discriminadora.

Mandíbula: Movible, activa, rígida, sostenedora, fuerte, expresiva.

Dientes y Muelas: Trabajadores, destructores, demoledores, firmes, poderosos, duros, prescindibles.

Esófago: Blando, pasivo, no selectivo, facilitador, adaptable, sufrido, conductor.

Estómago: Persona reclamadora, exigente, receptora indiscriminada. Puede ser ácida, floja y desestructuradora. Estando en el centro, se sabe no indispensable.

Píloro: Dependiente, no discrimina, vigilante, fuerte.

Intestino Delgado: Trabajador, absorbe casi todo, discriminador transportador, móvil, dependiente, confiado, recibe y da con facilidad, complejo, organizador, selectivo, eficiente.

Intestino grueso: Eliminador, limpiador, aliviador, desintoxicador, moldeador, reclamón, fuerte, no espera órdenes, absorbente.

Ano: Retenedor, firme, cuidadoso, da placer, manejable, voluntario, reprimido, consciente.

Hígado: Fabricador, denso, organizado, programa para el futuro, discriminador, complejo, conservador, eficiente, silencioso, frágil, altamente especializado, tecnócrata, transformador, ordenado, activador, autómata, tolerante, laborioso.

Vesícula: Prescindible, solapada, amarga, cooperadora, conservadora, oportunista.

Páncreas: Complejo, preciso, fino, delicado, hipersensible, cooperador, generoso, dual, buen equilibrador, vulnerable, es difícil llegar a él, internamente sensible y externamente corrosivo.

Nariz: Definida, representativa, discriminadora, ostensible, protectora, caliente, irritable, sensible, limpiadora, delatora, fetiche.

Laringe: Irritable, tensa, vibra, hipersensible, alharaca, explosiva, transmisora.

Tráquea: Facilitadora, abierta, semi rígida, distribuye, accesible, irritable, no discrimina.

Bronquios: Irritables, semi rígidos, transmisores.

Pulmón: Dependiente, pasivo, no discrimina, flexible, blando, permeable, gran capacidad de contacto, delicado, vulnerable, recibe como sea.

Diafragma: Conciliador, sabe poner límites, une y separa, humilde, voluntario.

Piel: Cálida, protectora, sensible, defensora, limita, delatora, reactiva frente a los cambios, delicada, flexible, se adapta, se hace notar, envolvente, suave y firme, discrimina y critica, facilita el contacto.

Riñón: Trabajador, multifacético, discriminador, económico, filtra, recibe y entrega, productivo, racional, no se cansa nunca, apaciguador, aguantador, sufrido, callado, introvertido, sabe decir que no.

Uréter: Delicado, fino, irritable, no aguanta más de lo que le corresponde.

Vejiga: Contenedora, flexible, paciente, tolerante, aguantadora.

Vagina: Contenedora, flexible, caliente, suave, húmeda, permisiva, receptiva, elástica, adaptable, cálida, fácilmente irritable, gozadora.

Útero: Acogedor, envolvente, flexible, adaptable, prescindible, soporta muy bien las frustraciones, optimista, siempre listo, perseverante, cíclico, nutricio.

Ovario: Trabajador, cíclico, productor, blando, chillón, alharaco, expresivo, dador, creativo, predecible.

Mama: Dadora, acogedora, nutritiva, estética, sensual, llamativa, sensible, prescindible, femenina.

Pene: Sensible, penetrador, ciego, excretador, oportunista, notorio, honesto, delator, agresivo, activo, no discrimina, tierno, suave, vergonzoso, cambiante en su apariencia y en su actuar.

Testículo: Productor, blando, delicado, complejo, tímido, vulnerable y poderoso, trascendente, viene de un ambiente protegido, creativo.

Próstata: Permisiva, oculta, elástica, conservadoras, productora, energiza, nutricia.

Músculo: Firme, dependiente, formal, monótono, útil, protector, flexible, obediente, alerta, fuerte, sostenedor, se fatiga, es limitado cuando responde, gastadores, asertivos, reclaman cuando se les pide mucho.

Hueso: Rígido, firme, resistente, protector, estructurante, demoran largo tiempo en repararse, duro, protector, más duro por fuera y blando por dentro.

Médula ósea: Blanda, dolioada, defensiva, adaptable, creativa, esencial.

Columna Vertebral: Firme, flexible, sostenedora, comunicadora, centrada, protectora.

Médula espinal: Sensible, activa, comunicadora, rápida, delicada, vulnerable, blanda, transmisora, eficiente.

Articulaciones: Complejas, movibles, conciliadoras, flexibles, armonizadoras, se doblegan, tiene límites.

CAPÍTULO V

El enfoque gestáltico

"Encerrados en nuestra mente, hemos olvidado cómo pensar con nuestro cuerpo, cómo servirnos de él para llegar al conocimiento. Asimismo, nos hemos alejado de nuestro entorno natural y nos hemos olvidado de coexistir y cooperar con una rica variedad de organismo vivientes".

FRITJOF CAPRA

Detuve la escritura de este libro por mucho tiempo. Una terrible rebeldía me impedía tomar mi pequeña computadora: ella se había "tragado", literalmente, 60 páginas en las que esmeradamente había copiado algunas de las mejores transcripciones de trabajos con órganos y/o enfermedades, enviados por colaboradores de España y Argentina.

Muchas cosas habían ocurrido ya en mi vida, que me dejaron en un profundo silencio, quietud y gran perplejidad; sin embargo, hasta que me sucedió esto, me parecía que yo no tenía ni un milímetro de rebeldía. Así estamos enseñados, condicionados, indoctrinados: tiene que haber un culpable. Y mi pequeña computadora me hizo ver que hacerme la tonta no me conduce a

111

ningún lugar, que ella responde exactamente a lo que le pido...,
sólo que yo tengo que saber qué quiero pedir y cómo pedirlo.

Es posible querer guardar una información y no volver
a ella hasta estar en paz con el tema: la computadora puede
esconderla de mi vista todo el tiempo que yo quiera. Pero me
topé con la única operación que una computadora puede realizar y nosotros no podemos: *ella puede borrar*. Digamos que
en ese momento ella captó el mensaje real, y yo, sabiendo que
siempre todo aparece, de uno u otro modo..., hice cualquier
cosa. La parte que se perdió del todo —porque no alcancé a
imprimir— es la que me dio la clave del número sorprendente
de trucos que habían sido necesarios para que yo no me diera
cuenta de una situación que me afectaba: en esa parte perdida
había un trabajo —que hacía una amiga mía— y que yo hubiera
querido que se lo hicieran a quien yo quería. Sentía la impotencia de no poder usar lo aprendido y practicado tantas veces.

Para volver a escribir tuve que estar segura de que el no
haber hecho ese trabajo no alteró los resultados. Hay personas
que entienden los mensajes profundamente, aunque demoren
en adecuar su conducta a la nueva visión.

En su primera versión, este capítulo comenzaba con una
cita de Larry Dossey, que apunta a lo esencial que quisiera
transmitir en este punto: desde cualquier enfermedad que nos
aqueje podemos rescatar los aspectos más negados, olvidados
y combatidos de nosotros mismos. Es este rescate el que finalmente nos transforma en personas enteras, totales. Tal vez no
mejores ni peores que otras, pero cada vez con menos huecos
donde lo temido podría anidar.

Dice Larry Dossey: *"Por lo que respecta a las estrategias
de la salud, las mejores son las que nos hacen más sabios.
Toda intervención en relación con la salud, que no aumente
nuestra complejidad psicofísica ni nuestra sabiduría interior
para afrontar las perturbaciones que la amenacen, pertenece
a un orden terapéutico inferior"* (10).

Ese ha sido nuestro mayor empeño: **permitir que la persona que se acerca a un terapeuta gestáltico, logre darse cuenta de la relación de totalidad que hay entre ella, su organismo, sus emociones, sus expectativas y las propias teorías que han orientado su vida.**

Una vez más importa recalcar que no estamos proponiendo un tratamiento para ninguna enfermedad. **Proponemos un camino, un método, un modo de facilitar y ayudar a la cura.**

Son muchos ya los terapeutas que transitan por estos caminos. Citaré ahora un caso tratado por la Licenciada Alicia Gechelín, una de las fundadoras del Instituto Gestáltico de Córdoba, Argentina, donde desde hace ya varios años enseñan Anatomía y Fisiología vivenciadas en los cursos habituales de Terapia Gestáltica.

Enfermedad de Hodgkin

En los últimos meses de 1993, Alicia es consultada por Julio y Amanda, una pareja de mediana edad, con tres hijos de 13, 12 y 6 años. Alicia ya conocía a Amanda: la había estado tratando por algunas dolencias que le habían sido diagnosticadas como psicosomáticas. Se trataba de trastornos digestivos poco precisos.

En el momento de la consulta, ambos están muy angustiados, porque a Julio le han diagnosticado un Linfoma de Hodgkin (cáncer ganglionar). Hace unos meses empezó a tener un aumento de tamaño en un ganglio del cuello; se lo extirparon y la biopsia indicó el diagnóstico. Como tratamiento, y después de someterlo a un estudio completo, le prescriben quimioterapia en dos curas: primero tres meses, y después otros tres meses.

Frente a la angustia que ambos experimentan —Julio nunca estuvo enfermo de nada—, Alicia los tranquiliza. Les habla de la benignidad de este cáncer en particular, y de la sabiduría del cuerpo. Julio es ingeniero electrónico, tiene un buen nivel de comprensión de mecanismos complejos. Tomando en cuenta que sería interesante que entendiera qué esta ocurriendo dentro de él, Alicia le pregunta cuál es la información que tiene acerca del cáncer. Hablan brevemente sobre las características de las células neoplásicas y lo sorprendentemente parecidas que son a las más absurdas aspiraciones humanas: mantenerse jóvenes, no madurar, no trabajar, ser inmortales y vivir a expensas del resto.

Julio cuenta que se sentía mal en su trabajo, y que le cuesta ir, pero que no quiere hacerlo "pagando este precio". Alicia le hace ver que tendrán que tener algunas sesiones para entender bien el mensaje de esta enfermedad. Hay algo seguro: él puede salir de esto mejor que lo que nunca fue; puede descubrir aspectos negativos y positivos que le están queriendo decir algo. También le advierte que habrá que apurarse, de modo tal de tener algunas sesiones antes de la primera quimioterapia. El proceso ya se inició y la medicina le está ofreciendo una ayuda que no se puede desestimar; sin embargo, es absolutamente básico que **él colabore y sepa que es su proceso el que está en juego; que se dé cuenta con qué está peleando y de qué lado está. También sus células neoplásicas crecieron en él; alguna vez debió estar de parte de ellas.**

Primera Sesión

En un cojín está Julio, de ojos cerrados, tratando de imaginarse frente a él a este ganglio, o a estas "celulitas", como las llama. Se sorprende al encontrarse con que no son como él las imaginaba: son inmensas, fuertes y le infunden miedo.

La terapeuta lo hace cambiar de cojín y le pide que sea la "celulita". Al hacerlo, Julio adopta una postura que lo muestra alto, fuerte y agresivo.

"Celulita": Es cierto: soy grande, mala, voraz. Necesito comer, comer y comer para poder vivir. Trago y trago, no me fijo

en nada, ni en qué como. No me importa nada de vos, si estás enfermo o te ponés mal... Yo quiero crecer y sobresalir, no voy a ser una en un millón, como las otras celulitas de tu cuerpo. Yo voy a comer y crecer.

Julio: No me hagas eso; yo no puedo con vos y me voy a morir.

"Celulita": No me importa si te morís. Yo me voy a hacer grande igual.

Julio se angustia mucho y no sabe cómo responderle. No puede defenderse de esta parte que lo amenaza.

La terapeuta le pide que se cambie de cojín y que vuelva a ser la "celulita", mientras ella toma el lugar de Julio. Tratará, por lo menos, de conectarlo con lo que obviamente aparece como una realidad y que Julio, invadido por el miedo, no percibe.

Terapeuta (como Julio): Me parece que te veo y te siento más grande y fuerte que lo que realmente sos. Parecés una adolescente presuntuosa. ¿Cómo va a prescindir de mí para vivir? Está bien que quieras destacarte, pero no podés ir más allá de lo que vaya yo mismo. Y yo me siento confundido, limitado. No me gusta siquiera la situación en la que me encuentro.

"Celulita": Así sos vos. A mí nada me limita. Tampoco tengo por qué quedarme encerrada y ser siempre una más como las otras.

Terapeuta (como Julio): ¡Qué absurda sos! Así, negándote a ser una simple célula de un sistema, sos nada, no tenés especificidad. Por no ser igual a las otras, terminaremos no siendo nada. Si vos seguís en este plan, moriremos los dos. ¿No te das cuenta de que te alimentás de mí? Sos un parásito y yo moriré con vos si seguís creciendo y haciendo que otras te sigan.

Después de haber fortalecido la postura de Julio, la terapeuta deja que nuevamente continúe el diálogo entre ellos.

Julio: Jamás creí que tus deseos de ser diferente, tu orgullo,
fueran tan fuertes. Tenemos que hacer algo para conciliar
las cosas. Yo no puedo tanto como vos querés, pero puedo
muchas cosas.
"Celulita": Me gustás más ahora, cuando te escucho hablar así.
Antes te despreciaba.

En las sesiones posteriores, Julio se da cuenta rápidamente de
la profundidad y magnitud de su competitividad, y la asume.
Una competitividad vivida de adolescente con el padre y con
los hermanos, y posteriormente en el trabajo y la profesión.
Este hombre sentía permanentemente que los de afuera no lo
dejaban destacarse, y no se daba cuenta de que ésta era una
pelea más fuerte entre él y él mismo, que entre él y los demás.

Julio prosigue su trabajo con Alicia, el que no quiso suspen-
der en ningún momento, pese al tratamiento qimioterapéutico.
En las sesiones psicoterapéuticas también trabajan sueños; cada
vez se va haciendo más clara su actitud de franca rebeldía con
el medio. Es exigente con las situaciones en general, inclusive
con su esposa. **Se hace notable su tremenda dificultad para
aceptar límites.** Hasta que estas características se van modi-
ficando: primero se siente como un adolescente y lentamente
va conectándose consigo mismo. Aprende a relajarse y a hacer
las pocas cosas que le gustan: nadar, trabajos manuales en la
casa... No siente disgusto por no ir a trabajar, y hasta llega a
pensar que en ese ámbito pueden continuar sin él, algo que
antes no admitía de ningún modo.

La pregunta que surge es: ¿qué significa para Julio su
sistema linfático, sus ganglios, sus linfocitos? Es probable que
cualquier célula neoplásica hablara como habló la de Julio;
sin embargo, si nos detenemos en que ella se ha negado a
cumplir una función defensiva, podríamos revisar cómo vive
Julio la defensa de su organismo. ¿Espera que algo lo ataque
y entonces se defiende? ¡Obviamente no! Desde su extrema

competitividad, él busca opositores, o sale a defenderse a la menor provocación.

Durante el trabajo con Alicia, se hace evidente la falta de discriminación de Julio, su excesivo modo de reaccionar frente a ataques inexistentes. El se reconoce en la competitividad y omnipotencia de esas células, y siente que no tiene elementos para defenderse de ellas, ahora que se han rebelado en grupo, y que lo han hecho tal vez mucho más apoyadas por él mismo que lo que jamás imaginó.

Julio acepta la ayuda de afuera; sabe que los citostáticos son excesivamente fuertes, pero sabe también que **él tiene una tremenda dificultad para aceptar límites**. El excelente trabajo de esta terapeuta fue una poderosa ayuda para que Julio se fuera dando cuenta cómo persistía en él una reacción adolescente: la amenaza de muerte era lo único que podía poner ese límite que hasta ese momento se había negado a aceptar. Mientras tanto, los citostáticos eran poderosos aliados, que esta persona no combatía; si había aceptado ese tratamiento, no podía —al mismo tiempo— descalificarlo.

Después de los tres primeros meses de quimioterapia, los clínicos no estimaron necesario otro período con este tratamiento. Julio se sentía decaído, se le había caído el pelo, pero sabía que todo esto era transitorio. Vuelve de sus vacaciones más tranquilo, y mejora su vínculo con su esposa y los que lo rodean.*

Al comenzar este libro, yo relataba el caso de aquella pequeña con Hodgkin, que atendí mientras hacía la especialidad

---

* He podido seguir a este paciente en los últimos tres años. El cambio que se operó en su vida y en su familia. La muerte prematura y sorpresiva de su terapeuta —nuestra querida Alicia— lo dejó siempre cerca del Instituto Gestáltico de Córdoba y del Centro que dirijo en Chiloé: A este último recurrió cuando fue la catastrófica explosión de Río Tercero (donde viven) y que removió hasta los cimientos de su recién lograda estabilidad, él y su esposa han vivido y experimentado lo que pueden hacer por nosotros los mensajes de las enfermedades y los síntomas bien entendidos. Todo lo vivido y aprendido por ellos sería material para un libro entero que espero escriban algún día.

en pediatría. Este es el único tipo de cáncer que, con la edad, disminuye en frecuencia. La incidencia de esta enfermedad en niños, adolescentes y jóvenes es muy grande: como si no quisieran tener un sistema defensivo que sabe muy bien de qué es preciso defenderlos.

Pienso también en eso que sorprende a casi todo el mundo: la casi total ausencia de cáncer en los esquizofrénicos. Ellos frecuentemente se sienten perseguidos; sin embargo, no se defienden salvo que realmente alguien los ataque. Muchas veces sentí el deseo de hacer exploraciones estadísticas en uno u otro sentido, para "validar" algunas de las más habituales observaciones realizadas en la práctica diaria. La excusa sería que de este modo podría hablar el idioma entendible desde el enfoque biomédico actual; sin embargo, al hacerlo caería directamente en una causalidad que —como tantas otras— sería privilegiada por algunos que, desde ahí, negarían fanáticamente otros factores y elementos del todo. Ese todo que está integrado por el ser humano vivo en el mundo que habita.

Para nosotros, la enfermedad es la puerta de entrada, el aviso de un organismo que está siendo exigido —en algún sentido— más allá de lo que permiten su organización y posibilidades.

Las personas creen que pueden obligar al cuerpo no sólo a hacer proezas increíbles, sino además a cargar o contener dentro de él lo que se les ocurra, desde siliconas hasta personas enteras. Y lo sorprendente es que muchas veces el cuerpo altera sus propios ritmos y disposiciones, incluso genéticas, para seguir funcionando en aparente armonía. Sólo se queja cuando la exigencia sobrepasa toda posibilidad y límite.

Polineuritis sensitiva

Recuerdo a Elena tal como apareció en Anchimalén. Es una médica, de 50 años, que aparenta mucho menos años de edad.

Delgada, de rostro fino y facciones delicadas. Algo tímida, su contacto es fácil y agradable. Antes de empezar las sesiones, anuncia los temas que la preocupan y la traen con cierta urgencia hasta Chiloé. Y ya en disposición de trabajar con ella lo que le ocurre, el clima se hace más benigno, casi risueño.

"Estoy en crisis de pareja", dice Elena. Y agrega: *"Yo sola, mi marido no"*. Habla con claridad y sin reticencias de las cuestiones sentimentales y los problemas que tiene en este plano, así como de todo lo que experimenta respecto de su edad. En este momento agrega: *"Lo peor es que he empezado con molestias... Se me duerme la pierna izquierda, el brazo, hasta la cara. Tengo zonas de insensibilidad, hormigueo, parestesias y enfriamiento en todo el lado izquierdo".*

Yo asiento y le digo sonriendo: *"Habrá que ver cuánto de ti está despierto"*. Ella sonríe. Le pregunto de qué más acusa a su cuerpo. Elena responde: *"Bueno..., de esta cicatriz (se toca la cadera derecha). Tenerla nunca me molestó tanto como ahora. La tengo desde los 5 años: a esa edad me operaron de una luxación congénita de cadera. No se dieron cuenta a tiempo y me hicieron un tratamiento tardío. Tengo el muslo más delgado que el otro. Me avergüenza mi pierna. No sé por qué más ahora que antes...".*

Yo le pregunto si se da cuenta de que ha llegado a este lugar tan lejano, aparentemente por una urgencia, y en realidad está hablando de una cicatriz que no le duele, y que tiene desde hace más de 45 años. Le digo: *"Tenemos que discriminar, ver de dónde vienen en ti las diferentes voces. Acusas a tu lado izquierdo de estar poniéndose insensible, y a tu pierna derecha de que no te gusta y te avergüenza. Empezaremos por tener un encuentro con tus piernas...".*

Ponemos dos cojines. Uno para Elena y otro para sus piernas. Le explicamos que se encontrará con ellas como si fueran una persona, que es importante que se deje llevar libremente por las sensaciones, y que no trate de dirigir el diálogo. Eso lo haré yo: sugeriré los cambios y a veces —si es necesario— la ayudaré hablando por una u otra.

Le pido que trate de imaginar a sus piernas en el cojín que tiene enfrente de ella, y les hable.

Elena: Ustedes me molestan. Especialmente tú, pierna derecha: eres fea, fea. Y no tienes fuerza; me impediste muchas cosas y ahora me molestas más que nunca.

Piernas: Ahora yo no te molesto más que la izquierda: ella es la que se duerme. Igual yo te sostengo y te llevo a todos lados. Siempre te llevé, sólo que me cansaba un poco, pero nunca me dormí.

Elena: Pero no te quiero. Eres fea y flaca. No me gustas. Y siempre descansaste en la izquierda.

Así continúa por un rato esto que podríamos llamar un diálogo entre sordos. Elena sólo ve lo que rechaza en la pierna derecha. No le contesta cuando la pierna —que es la propia Elena— replica que siempre la llevó a todas partes. El diálogo es patético, sólo comparable al de aquellas parejas en las que uno de los dos pelea por no ser descalificado y no se da cuenta de que nada de lo que diga en su favor será escuchado, aun cuando sea obviamente sabido por el otro. *"Les jeux son fait"*, como diría Sartre. Cuando alguien quiere poner distancia, aunque sepa que será algo transitorio, ya ha hecho una construcción de las más férreas que conoce el ser humano: ha construido con ideas, propias y de otros.

Si se tratara de una pareja, sería absurdo insistir. Por el contrario, tratándose de una parte de sí contra otra —algo que no se hace patente en la pelea de las parejas, y que seguramente es del mismo orden— no podemos dejar que la división se perpetúe. Sobre todo cuando ya hemos visto lo hermoso que es para alguien descubrir cómo se puede transformar el odio de sí en reconocimiento agradecido y en afecto. Por eso insistimos, buscando elementos para que la persona modifique su juicio condenatorio desde un reconocimiento más verdadero de ese otro que es el "acusado". Así fue como Alicia, en el caso de Julio, tomó su rol, que era el que aparecía más indefenso y deformado desde la mirada grandiosa de la "celulita".

Tal como lo expliqué en otros tramos, el terapeuta ocupa el rol de acusado, generalmente para quejarse de que lo condenen sin saber cómo han ocurrido las cosas, y sin siquiera ser conocido. No importa, como en el caso de Elena, que la persona sea médico y eso lleve a suponer que "sabe de lo que se trata". Es obvio que tales conocimientos tal vez los adquirió después y por supuesto no fueron suficientes para modificar sus ideas, que se instalaron junto con sus vivencias que configuraron gestalts patológicas.

El primer intento, con esta paciente, tiene el objetivo de proseguir el diálogo con la terapeuta ocupando el rol de las piernas.

Terapeuta (como piernas): Eres injusta conmigo, que soy tu pierna derecha. Yo nací normal, ¿qué culpa tengo de que no me sostuvieran bien? Que no me sostuvieran con firmeza. Me faltó apoyo. Yo avisé desde el principio. Y claro, cuando pesabas mucho ya no pude más. Soy yo la que tendría que reclamar.

Elena: Pero eres tú la que siempre me has hecho sentir mal y pasar vergüenzas y has hecho trabajar más a la pierna izquierda. Por eso ella se queja ahora.

Terapeuta (como piernas): No veo por qué se queja. Ella no me sostiene a mí; yo la ayudo a sostener tu cuerpo. Sin mí tendría más trabajo. Yo no creo que ella se queje de mí. Siempre fue mi compañera. Nacimos juntas. Iguales.

Le pido a Elena que cambie de cojín y hable desde sus piernas, como en el inicio del trabajo. Ante mi asombro, habla como pierna izquierda, lo que no había sucedido hasta este momento.

Piernas: Yo, la izquierda, siempre he sido más fuerte y he tenido que hacerlo todo. La pierna derecha nunca ha asumido su parte.

Me doy cuenta de la fijeza de las ideas de Elena. Ella ve a su pierna derecha como su enemiga y a su **pierna izquierda como su aliada.** Si no hubiera otro elemento importante que está dando señales, habría que insistir por este camino. Elena es una mujer inteligente y lúcida, a la que se podría "mostrar" algo de esto. Sin embargo, eso sería un modo de tranquilizarnos con lo que hacemos. **Y no tenemos nada que nos haga creer que una idea pueda modificar la teoría que ella ha construido sobre su propia enfermedad.** Su teoría dice que su lado izquierdo, cansado de soportar todo el peso —como ella misma en su vida—, está en conflicto con el maldito parásito que es su lado derecho.

Hasta este momento, ella se ha referido siempre a su pierna, pero recordemos que en el inicio describió las molestias en todo su lado izquierdo. Le hago una breve relajación y le pido que describa las sensaciones que más le llamen la atención. Ante su sorpresa —y la mía—, describe su lado izquierdo como mucho más grande que el derecho. Esto se hace notable a nivel de las manos.

Elena siente su mano derecha muy pequeña y sin fuerzas. Ella sabe que es diestra y usa preferentemente su mano derecha; sin embargo, la sensación de pequeñez y falta de fuerza es intensa. Nos concentramos en el lado izquierdo y éste es poderoso, grande en exceso y especialmente fuerte.

Sus dos manos tienen un encuentro en el que se repite lo que antes vimos en las piernas, aunque en este caso aparece un matiz delirante, ya que es obviamente absurdo que la mano izquierda trate de "inútil, débil y torpe" a la mano derecha.

Elena está perpleja; sin embargo, no puede revertir la sensación. Siente que todo su lado izquierdo se queja de abuso, de cargar con el otro, que es un inútil y dependiente.

La dejo en silencio, tocándose y recorriendo su cuerpo con las manos. Le pido que deje que todo sea y ocupe el espacio que ocupa, sin tomar partido por un lado u otro. Le pido que por una vez deje que las cosas ocurran como tengan que ocurrir. Le recuerdo que el cuerpo es más sabio que ella.

Su sensación de pequeñez y debilidad en el lado derecho es tan grande y definitiva, que le cuesta corregir esa información desde el más elemental juicio de realidad. Finalmente, sus dos lados llegan a estar del mismo tamaño, aceptando que se complementan. Con asombro, Elena no entiende qué pasó. Se da cuenta de que siempre privilegió el lado izquierdo, en todos los planos.

En este momento del trabajo, Elena habla de la operación a la que fue sometida cuando tenía 5 años. Aparece una situación extremadamente dolorosa, de soledad e impotencia: la llevaron a la capital y sólo algunas veces vio a su padre. Su madre no fue jamás en los cinco meses que permaneció hospitalizada; era una mujer que no soportaba los hospitales y, por otra parte, tenía otros hijos que cuidar.

Elena recuerda las salas de Rayos X, las placas frías y los corredores del hospital por donde la llevaban enyesada, en silla de ruedas. Cuánto miedo, cuánta agresión, cuánta tristeza para una criatura... Y todo por culpa de "esa pierna que no nació perfecta".

Se da cuenta en este instante de que "tal vez la pierna era como yo: estaba bien hecha, pero no tuvo el apoyo suficiente". La interrumpo: "*Sí tuviste el apoyo suficiente. ¿O acaso no eres una hermosa mujer de 50 años, con tres hijos, marido (si quieres) y una linda profesión?*".

La mención que había hecho Elena acerca de su "falta de apoyo" nos muestra la facilidad asombrosa que tienen las personas para establecer —a veces por simples analogías— las más sorprendentes relaciones causales. Relaciones que quedan atornilladas y se transforman en leyes. Esto es lo que en gestalt nos hace volver muy rápidamente al Aquí y Ahora.

Le digo a Elena: *"¿Y si realmente tu teoría no es válida, como al parecer hemos estado viendo aquí? ¿Y si tus molestias no se deben a que el lado izquierdo está cansado de hacer todo por el otro? ¿Qué otras cosas le estarán pasando a tus piernas? Tal vez tendríamos que escucharlas nuevamente".*

No termino de proponer esto cuando ya Elena está hablando de sus hijas: una, que es sana, fuerte, inteligente y rebelde (lo que ella "nunca fue"), se ha ido de la casa y sus idas y venidas "duelen". La otra, que es "buenita y algo enfermita" —como ella— permanece y no da problemas... Elena se angustia cuando percibe la poca confianza que siempre ha tenido en que esta hija efectivamente sea profesional e independiente, cuando curiosamente lo está logrando. Mientras que su otra hija, en la que ella siempre puso más expectativas de éxito, no sabe lo que quiere y está en crisis.

Por si todo esto fuera poco, junto con sus 50 años ha aparecido en la vida de Elena esa madre de la que algún día ella esperó una visita que jamás llegó. Una madre desamparada y asustada, con miedo a la vejez y sin ninguno de sus hijos que pueda soportar el peso que ello supone.

A Elena no le es fácil decir que no a alguien que la necesita. Ella es, entre todos sus hermanos, la que mejor se entiende con su madre (tal vez aprendió a no esperar demasiado de ella). O tal vez su propia madre no pesa demasiado: era y sigue siendo una niña asustada, incapaz de sostener a nadie. Lo cierto es que posiblemente, una vez que logramos entender la neurosis de nuestros padres, superamos muchas dificultades importantes (lo cual no justifica que se inventen terapias para pelearnos a muerte con los padres y luego "perdonarlos" olímpicamente).

En dos días de trabajo, Elena tuvo una visión y un modo de acercarse a los hechos y vivencias más significativos de su vida, totalmente diferentes a lo que habían sido la interpretación y teorización sobre sí misma, desarrolladas en muchos años.

No cuestiono la validez de ninguna interpretación, siempre

que pudiera mantenerse como hipótesis probable. Sin embargo, demasiadas veces he visto —como en este caso— que las ideas se meten en el cuerpo, y posiblemente empiezan a alterar su funcionamiento de modos increíbles: es altamente probable que si yo me vivo con un lado muy grande y poderoso, la circulación normal no le sea suficiente y se produzcan todo tipo de alteraciones. Algo ha de ocurrirle a un órgano o a un miembro de nuestro cuerpo si le exigimos y lo tratamos como lo que no es.

Descubrir cómo es esta relación entre la persona y su cuerpo y los síntomas, es básico para entender el mensaje de la enfermedad. Y es el descubrimiento de este mensaje lo que nos da real sabiduría, lo que nos hace ver a la enfermedad no como una enemiga, sino —por el contrario— como la portadora de un mensaje, como la voz de alerta que nos impide seguir en peligrosos extremos a los que hemos sido llevados por ideas cargadas de emociones que, muchas veces, son altamente negativas.

Esto de ninguna manera significa que si se hubiera producido un hallazgo clínico en los exámenes que se practicaron, la persona no tendría que hacer el tratamiento médico correspondiente. De todas formas, es mayor el riesgo de que los exámenes salgan alterados y configuren un cuadro clínico, cuando aún la persona no ha establecido una relación verdadera con su cuerpo, y ha entendido el mensaje de los síntomas o signos.

A Elena le habían hecho varios exámenes: velocidad de conducción sensitiva en los miembros inferiores, punción lumbar, scanner de columna lumbar, potenciales evocados somatosensitivos en los miembros superiores e inferiores, electromiograma y velocidad de conducción sensitiva en brazos y piernas, radiografía de columna cervical.

La hipótesis diagnóstica era: *polineuritis sensitiva, de origen desconocido. ¿Autoinmune? Posible opérculo toráxico izquierdo (estrechamiento del espacio costoclavicular).*

Sería sorprendente una lesión autoinmune localizada sólo en el lado izquierdo. En cuanto al segundo diagnóstico, podría tener que ver con las molestias del brazo izquierdo. ¿Y la pierna?

Es posible que estos mismos comentarios se los hicieran los clínicos, y por eso la enviaron a un psiquiatra. Es el camino habitual: si no se encuentra nada, que explore el psiquiatra. La exploración de un terapeuta con enfoque gestáltico es tanto más rápida, incruenta, respetuosa de esa totalidad que es la persona...

Me resisto bastante a describir los trabajos que aparecen como muy espectaculares debido a lo rápido de la desaparición de una sintomatología que era rebelde y se había mantenido por mucho tiempo. Esto ocurre a veces en afecciones de las denominadas alérgicas, en afecciones de la piel, rinitis, etc. Aun cuando en esos casos ha habido una ampliación de conciencia, un darse cuenta importante de la persona, no cuento con un seguimiento que justifique su inclusión.

En cambio, una de las situaciones que he trabajado con mayor frecuencia es la de mujeres con una esterilidad secundaria después de un aborto espontáneo o provocado. Algunos casos han sido bastante espectaculares, ya que se trataba de personas que habían tenido pérdidas a repetición de diferentes tiempos de embarazo y se habían hecho toda clase de estudios. Sin embargo, sólo al mes siguiente de trabajar con esto en algún laboratorio, quedaron embarazadas. Hablo en plural porque fueron varias mujeres de las que tuvimos informes en este sentido.

Cuando empezamos a hacer grupos de terapia gestáltica en Buenos Aires, yo estaba embarazada; esto estimuló de un modo llamativo las situaciones inconclusas en relación con este tema. Relataré uno de esos trabajos.

Trabajo con el útero

Verónica es una joven de 34 años, que tuvo una pérdida espontánea hace casi un año y no ha vuelto a quedar embarazada.

Se le pide que empiece por ser su útero y se describa. Lo hace bastante acertadamente, con conocimiento. Se entabla el diálogo.

Verónica: Yo no sé si tú sabes, pero me gustaría saber qué pasó. ¿Supongo que tú también querías tener un bebé dentro de ti?

Útero: Yo creo que tú no estabas preparada, que no puedes ser una buena mamá.

Verónica: Tú estabas bien, podías alimentarlo. ¿Crees que podía crecer dentro de ti?

Útero: Yo podía y puedo. Eres tú quien no tiene paciencia.

Verónica: Creo que tienes razón (se angustia y llora suavemente). Cada vez que tengo que estar con mis sobrinos, me irrito. Me sentía mal cuando lloraban, no era capaz de ser paciente. Y con alguno de ellos llegué a ser muy fuerte.

Útero: Yo, en cambio, soy muy afectivo y tengo mucha paciencia No tengo apuro.

Verónica: Me das envidia. Tú tienes mi bebé. Me da miedo.

Terapeuta: ¿Sientes que ahí está tu bebé?

Verónica: Sí, lo tiene ahí aún.

La terapeuta le pide que cambie de cojín y sea el útero con el bebé. Le pasamos al útero un cojín chiquito, que aprieta entre sus manos. El útero le habla al bebé muy bajito y con mucha ternura: le dice que no lo quiere dejar ir, pero que tampoco lo puede alimentar, que no crece...

Yo intervengo, también hablando suavemente, e insistiéndole al útero en que tiene que dejar salir a ese bebé, para que otro pueda instalarse. Le recuerdo que sabe desprenderse, que le agradezca a ese bebé el tiempo que estuvo y que le sirvió para crecer un poco, de modo que con otro será más fácil.

Verónica, como útero, sigue acunando al bebé. Aprieta el cojín y habla y llora suavemente. Le cuesta desprenderse. Yo

repito: *"Dile que no fue en vano que estuviera ahí. Agradécele
la alegría que te dio. Te mostró que podías tener un bebito.
Déjalo ir para que tenga espacio otro que crecerá bien".*
Lenta y suavemente, ella me pasa el pequeño cojín. Le pido
que se siente nuevamente en el cojín donde era Verónica, para
que hable con su útero.

Verónica: ¿Cómo te sientes ahora? ¿Puedes tener más confianza
en mí?
Útero: Me siento más libre. Y sí..., la verdad es que si estamos
juntos, estamos bien. No será lo mismo con un bebito que se
críe aquí adentro que con tus sobrinos. Ellos tienen mamá,
si fueran tuyos... (Sonríe suavemente, y añade lo siguiente
dirigiéndose a la terapeuta). Me doy cuenta de que los dos
éramos un poco chicos. Ella ha crecido como yo.

Termino el trabajo dejando a Verónica como útero. Nos abra-
zamos con mucho afecto.
En ese grupo se comentó bastante la maravilla que es este
órgano que tenemos las mujeres. Es un regalo increíble que
nos ha hecho la Naturaleza, dotándonos de un maestro que
nos enseña los ritmos, los ciclos, el dar y el recibir... Gracias
a este aliado increíble aprendemos que el milagro más perfecto
se puede desarrollar en nuestro interior, mientras que el mayor
y más estrecho de los contactos se consolida con el despren-
dimiento y la separación.
Ese fue el más grande error del psicoanálisis: hablar de
la envidia del pene y olvidarse del útero. Con ello aumentó
la omnipotencia y desamparo en los hombres, y les hizo
más difícil aún la tarea de incorporar y aceptar su lado yin,
ignorado por siglos de patriarcado. Seguramente una de las
responsables más directas del desequilibrio actual es esta falta
de desarrollo, más bien de utilización, del hemisferio derecho
en los hombres.

Sabemos que el hemisferio derecho dirige el lado izquierdo del cuerpo, el lado yin o femenino. Y el hemisferio izquierdo dirige nuestro lado derecho, el yang o masculino. Esta es una de las polaridades que más me toca trabajar permanentemente en gestalt. Como vimos en el caso de Elena, cuando se produce una polaridad que incluye esta idea básica del mundo, se fija de un modo excepcional. Esa fijeza no nos sorprende en absoluto, ya que las personas siempre encuentran a mano un argumento vital que mantiene la división. Todo nuestro entorno está orientado hacia esa particular división, y la terapia gestáltica está empeñada en desarmarla; opera sobre la base de una concepción integradora de polaridades (42), y desde el supuesto organísmico de que la sabiduría del cuerpo es lo suficientemente poderosa para recuperar su verdadera organización y no dejarse desintegrar ni dividir por ideas o supuestos "valores".

Revisaremos una vez más este tan antiguo concepto de lo masculino y lo femenino. El yin y el yang según el taoísmo. Las polaridades (40), tema básico de la terapia gestáltica y de la vida.

Dentro del contexto de este libro quisiera relacionar este tema con nuestros órganos en particular, y con nuestro cuerpo en general, no sólo con las características que se adscriben a lo masculino y a lo femenino.

Sabemos que sólo algunos órganos de nuestro cuerpo son únicos. Y de éstos, muy pocos —pero esenciales— se lateralizan. O sea, muy pocos se encuentran claramente colocados a un lado u otro de nuestro cuerpo. Estos órganos únicos, en su mayoría, están ubicados al centro del cuerpo. Como si de alguna manera mantuvieran el equilibrio en sí. De todos los que están al centro, el más esencial —y según los textos de fisiología, "indispensable"— es el cerebro.

El cerebro está al centro del eje corporal, como un solo y gran órgano. Sin embargo, está absolutamente lateralizado, tanto que se puede hablar de un cerebro derecho y un cerebro izquierdo. Los otros órganos únicos que están al centro no entrarían dentro de la categoría de "indispensables". Esto quiere decir que el ser humano puede vivir sin ellos. Se trata de la nariz, la boca, la faringe, la laringe, la tráquea, la tiroides, la lengua, el esófago, el estómago, los intestinos, el útero, la vejiga, la vagina, el pene y la próstata.

Y he aquí que dos de los órganos únicos más indispensables están absolutamente lateralizados: el corazón y el hígado. ¿Qué significa esto de estar o no lateralizado? No lo sé, y tampoco puedo ni quiero entender nada en general. Sólo quisiera usar un poco de pensamiento analógico y mirar desprejuiciadamente esta organización topográfica.

¿Qué puede significar que en nuestra cabeza todo esté al revés? O a la inversa, ¿que en nuestro cuerpo todo esté al revés de la cabeza?

El cerebro izquierdo, supuestamente con características yang, masculinas, actúa coherentemente: coordina el lado derecho del cuerpo, que es en el que predominan las características yang. Decimos que el cerebro izquierdo es masculino o yang, porque es activo, eléctrico, ácido. Controla la actividad del lado derecho del cuerpo, y sus características son el ser lógico, activo, supraconsciente, racional, concreto, analítico. Tiene que ver con el cálculo, la escritura, la lectura, la creatividad.

El cerebro derecho, que es femenino o yin, es pasivo, magnético, alcalino. Controla la actividad del lado izquierdo del cuerpo, y sus características son el ser intuitivo, el tener percepción de formas, visión de conjunto, el pensamiento analógico. Tiene que ver con la receptividad, la música y el olfato (11).

Tal vez este extraordinario órgano que es el cerebro —la glándula más grande de nuestro cuerpo, como se la describe actualmente (38)— nos quiere enseñar algo más. Tal vez quiere permitir que nos demos cuenta de que escarbando minuciosamente en nuestro interior sólo podemos llegar a maravillarnos de una sabiduría que no admite encasillamientos en espacios determinados.

Entre el cerebro izquierdo y el cerebro derecho existe un permanente diálogo a través del cuerpo calloso, esa pequeña estructura que une ambos hemisferios y que, mientras más permeable es, mejor posibilita el equilibrio de estas dos especies de guardianes-directores.

"El cerebro responde a los cambios del mundo interno y externo. Recibe información de lo que ocurre en el mundo exterior por medio de los sentidos. El estado interno del cuerpo, como el nivel de azúcar de la sangre y la temperatura corporal están controlados —en parte— por el sistema nervioso central. El estímulo que atrapa la atención del cerebro es aquel que señala un cambio en el estado existente. El cambio puede ser tan útil como un cambio en la presión del aire o tan impactante como un informe raro o inesperado El cerebro interpreta constantemente la información que recibe conjugándola con el 'modelo' de mundo que él mismo desarrolla" (38).

Y sucede que el modelo de mundo que ha imperado es el que privilegia las funciones comandadas por el hemisferio izquierdo.

"Es fácil imaginar lo 'incompleto' que estaría el individuo que sólo tuviera una de las dos mitades del cerebro. Pues bien: no es más completa la noción de mundo que impera en nuestro tiempo, por cuanto que es la que corresponde a la mitad izquierda del cerebro. Desde esta única perspectiva sólo se aprecia lo racional, concreto y analítico, fenómenos que se inscriben en la causalidad y el tiempo. Pero una noción del mundo tan racional sólo encierra media verdad, porque es la perspectiva de media conciencia, de medio cerebro. Todo contenido de la conciencia que la gente gusta llamar con displicencia irracional, ilusorio y fantástico, no es más que la facultad del ser humano de mirar el mundo desde el polo opuesto" (11).

Tal vez tendríamos que iniciar una campaña de rescate de nuestro cuerpo calloso, para ser de nuevo —como en la infancia— receptivos e inocentes, permeables a las informaciones, sin valorizarlas antes de entregarlas. No parece fácil.

Las mujeres han tratado —y constituyen tal vez el movimiento más serio que existe en este sentido— de rescatar al ser humano de esta patética división en la que está incluida una siniestra amenaza.

"El poder del patriarcado es sumamente difícil de entender, puesto que lo envuelve todo. La institución ha influido en las ideas más fundamentales sobre la naturaleza humana —la naturaleza del 'hombre', en lenguaje patriarcal— y sobre todo, la relación del individuo con el Universo. Es el único sistema que hasta hace muy poco tiempo no había sido jamás desafiado abiertamente en la historia y cuyas doctrinas habían tenido una aceptación tan universal que parecían ser una ley de la Naturaleza: de hecho, a menudo se las presentaba como tal. Hoy, sin embargo, la desintegración del patriarcado es inminente. El movimiento feminista es una de las corrientes culturales más combativas de nuestro tiempo, y sus ideas repercutirán profundamente en nuestra futura evolución" (5).

Me preguntaba más arriba cómo es esto de que órganos tan vitales como el corazón y el hígado estén tan definitivamente en uno u otro lado del cuerpo, en vez de estar, como el cerebro, al medio, y con un lado izquierdo y otro derecho. No lo sé. Lo que sí me es claro es que cada vez que alguien trabaja con síntomas o cuadros clínicos en los que están comprometidos el corazón o el hígado, asisto a las intensas peleas entre lo supuestamente femenino y lo masculino.

El corazón, ubicado al lado izquierdo del cuerpo, es humilde, sensible, receptivo y siempre listo a satisfacer todas las exigencias posibles. Cuando éstas sobrepasan sus posibilidades, da avisos. Y también avisa cuando se le restringe la sangre que debe alimentarlo y que él manda tan generosamente a todos lados. De esos avisos hablaremos. Tenemos mucho que aprender de este órgano, que teniendo un grado tan alto de eficiencia nunca sobrepasa sus límites. Aprender, por ejemplo, que él no permite que sus células se malignicen.

Cada vez que hemos trabajado con una persona que presentaba un síntoma o cuadros de los que se responsabiliza al corazón, nos sorprendió la variedad de formas y contenido de las peleas. El corazón latiendo a más de 200 pulsaciones por minuto, y una persona sacándose de encima "un peso que la ahogaba", un amor que la "asfixiaba" y no la dejaba acercarse a nadie... La sensación de muerte y abandono sin esa protección... Y nosotros, desde afuera, confiando absolutamente en la sabiduría de su cuerpo. Sabiendo que cuando la situación se hace extrema, lo organísmico funciona: "O ella o tú". "O ella o tu corazón, que está contigo y puede para ti solamente". Y la persona se arriesga a separarse de lo que la oprimía..., y el corazón empieza a latir normal.

Diferentes han sido los temas. Tan diferentes, que necesitaríamos a un García Márquez para escribir la historia de las taquicardias paroxísticas que dejaron de serlo después que ese corazón dejó de ser exigido en una tarea descomunal.

¿Y los dolores anginosos? Ahí tendríamos que recorrer toda la historia y la guerra entre femenino y masculino.

Dolor anginoso. Corazón

He descripto en otro libro la primera vez que vi esta verdadera magia de la aparición y desaparición de un síntoma. Se trataba de un hombre de mediana edad, que en pleno laboratorio súbitamente presentó un intenso dolor anginoso. Era típico: se le irradiaba al brazo izquierdo y le tomaba la base del cuello. Tendido en el suelo, le pedimos que describiera brevemente ese lado y la mano que le dolía. Luego, que cambiara —moviéndose apenas un poco en el suelo—, para describir su lado y mano derechos. El cambio fue notable: puesto en su lado derecho, no sentía dolor. Era evidente que podíamos trabajar manteniéndolo más en este lado que en el izquierdo. Y el diálogo fue impactante e inolvidable.

Lado derecho (habla con un tono duro, fuerte, dirigiéndose al lado izquierdo): Sos débil, no servís. Me avergüenzo de vos, no puedo convivir con alguien como vos.
Lado izquierdo: Estamos juntos, no podés prescindir de mí.
Lado derecho: Prefiero morirme antes que convivir contigo. Sos débil como una mujercita, y con ideas que... ¡puf!, no soporto.

En el lado derecho se lo ve bien, respira tranquilo, tiene fuerza y habla con voz bien timbrada. En el lado izquierdo se pone pálido, sudoroso, su voz es débil y lo más probable es que se produzcan en ese momento pequeños espasmos coronarios. Estamos en un grupo con más de 25 personas, entre las cuales hay por lo menos una cardiólogo, que luego me contaría lo asustada que estaba al ver ese cuadro. El paciente mismo había relatado más de un episodio parecido a lo que estábamos viendo, de bastante duración. Estos antecedentes hicieron que apenas lo conectara con su lado izquierdo; sólo lo suficiente para que se diera cuenta de que este lado le era absolutamente imprescindible.

Lado izquierdo: Es cierto, soy débil. No soporto, me duele...
Lado derecho: No soportás nada. Y yo no te soporto a vos. Me muero de vergüenza de que te muestres en público. Mirás a los adolescentes y vos tenés un hijo adolescente... Me das asco.
Lado izquierdo: Ya no puedo más... No tengo ideas, no soporto que me aprietes así. Si me muero, vos tampoco vivirás.

La amenaza del lado izquierdo es registrada; sin embargo, aún continúa la pelea. Es obvio que este hombre atribuye a lo que llama su parte débil las ideas con las que lucha. Él no quiere tener nada de esa blandura y sensibilidad que lo asemejarían a una mujer.

Cuando el lado izquierdo amenaza, la voz es más entera y los colores han vuelto al rostro. Ya no es una pelea desigual. Por el contrario, el lado derecho ha sentido "miedo, frío y vacío" cuando por un segundo temió que su lado izquierdo lo abandonara.

Evidentemente, este modo de trabajar es diferente al que mostramos en el capítulo IV, y sólo lo usamos cuando la persona presenta síntomas o molestias durante la sesión de grupo o individual.

Aun cuando se hace muy tentador generalizar, mi mayor insistencia está en evitar cualquier hipótesis previa, y toda generalización nos conduce a ello. Esta es la mayor dificultad que tienen los que se inician en este enfoque. Atraídos, y a veces fascinados por la facilidad con que se puede llegar desde un síntoma a los aspectos esenciales de la persona, apuran el camino: ante las primeras frases del paciente, ya deciden por dónde llevarlo y en qué hay que insistir. Todo lo que se advierta en este sentido es poco. **La dificultad para ver lo obvio es a veces extrema, y sólo proporcional a la facilidad para usar una lógica inútil.**

El drama es cómo librarnos de esta mente causalista que hemos cultivado por generaciones, esta necesidad de encontrar causas y claras conexiones y explicaciones que tranquilicen.

Por el contrario, hemos asistido a diálogos en los que la negación de una función predominantemente "masculina" ha estado en clara relación con un cuadro clínico. Este es, por ejemplo, el caso trabajado en un grupo terapéutico que dirigen la doctora Patricia Cordella y Patricia Amaro, sobre un paciente con un quiste testicular.

Quiste testicular

Se trata de José, un paciente muy apreciado en el grupo, quien expresa tener un quiste en la cabeza del testículo izquierdo, de 45 mm de diámetro. Dice: *"Es como tener un tercer testículo".*

Cuando "trabaja" con su testículo, José describe muy bien la función productora de espermios y la capacidad de guardar y lanzar cuando es oportuno. Se salta toda la función endocrina del testículo, que permanentemente está entregando hormonas y determinando características sexuales secundarias eminentemente masculinas.

Las terapeutas ponen a un hombre del grupo para que le hable como testículo y corrija la información. Y José se muestra muy sorprendido ante lo que se le aparece como revelación. Cambia la voz, escucha a su testículo y le pide disculpas por no haberlo dejado ser como era, por haber "retenido" su funcionamiento. Le dice: *"Tú sabes que yo soy más bien conciliador. Me cuesta ponerme firme, me gusta retener lo que quiero. Soy muy sensible...".*

Durante el diálogo, José reconoce que a él le gusta haber desarrollado mucho su lado yin y se da cuenta de que esto no tenía por qué incluir deshacerse de un aspecto muy fuerte y presente en su lado masculino: la capacidad de expulsar, antes que de retener. Se da cuenta de que la aceptación de estas características habría facilitado aspectos laborales y familiares en su vida.

La verdad es que la variedad de motivaciones, fantasías, deformaciones de la realidad y delirios que podemos encontrar en estos diálogos, es inmensa. Y lo increíble es que el diálogo siempre es una puerta que se abre hacia una verdadera revelación de aspectos o posibilidades existentes en las personas. Aspectos a los que no se podía llegar: un monstruo custodiaba la entrada, un monstruo que no podíamos admitir que habitara en nosotros. Lo habíamos visto en otro, pero jamás creímos poseerlo: puede llamarse envidia, ambición, deseos de poder, egoísmo, crueldad, falta de humanidad... Todo aquello que está en el lado oscuro, en la sombra, y que sólo necesitamos iluminar para verlo.

"La enfermedad es la gran oportunidad del ser humano, su mayor bien. Es la maestra de cada cual, su guía en el camino

de la curación. Existen varios caminos que conducen a este
objetivo, la mayoría duros y complicados, pero el más próximo
e individualizado suele pasarse por alto: la enfermedad. Es
el camino menos propicio para hacer que nos engañemos a
nosotros mismos o alimentemos ilusiones" (11).

Tal vez a este capítulo lo he titulado "El enfoque gestáltico",
no porque todo lo anterior no lo fuera, sino con la intención
de clarificar más la actitud y el cómo del actuar en situaciones
concretas, algunas de las cuales relaté en detalle. Antes (42) he
descrito lo que —siguiendo a Perls— considero "enfoque gestáltico" y que no sé si el mismo Perls hoy llamaría así. No es en
absoluto importante. Lo verdaderamente esencial es que después
de navegar por las más complicadas y simples teorías sin lograr
demasiada claridad —pero sí la suficiente confusión para horro-
rizarme ante el simplismo patético del pensamiento lineal-causal
imperante en medicina—, sigo creyendo que la palabra gestalt
es lo bastante abarcadora como para contener observaciones
simples que, sin embargo, no permiten generalizaciones simples.

En el primer caso descripto en este capítulo, el terapeuta
(Alicia) se encuentra con una persona (Julio) que viene trayendo, cargando, un diagnóstico que lo abruma: cáncer. Es obvio
que en una situación así, el terapeuta, o quien sea consultado,
no puede prescindir de esa tremenda cosa que se deposita frente
a él y que ocupa todo el espacio. Ya no son ni el paciente ni
el terapeuta quienes están en la habitación. Es el cáncer.

Cualquier maniobra que haga el terapeuta es inútil; sólo
cabe ocuparse de tan importante personaje. Y eso hace Alicia:
primero le pregunta a la persona si lo conoce, si sabe algo de él.
Y acto seguido se lo describe con toda la grandiosidad que tiene.
Después agrega que, afortunadamente, es uno de los cánceres
más benignos, porque en la actualidad la medicina asegura un 80
por ciento de curación para el linfoma de Hodgkin en ese grado.

Este modo de enfrentar la situación requiere de Alicia
varias cosas. En primer lugar, una actitud sana y en absoluto

competitiva con la medicina. Ella no tiene por qué dudar del diagnóstico. Puede tener la certeza de que es una parte de todo lo que le ocurre a esa persona, pero una parte indiscutible, que está amenazando toda la integridad de ese ser humano.

En segundo término, Alicia necesita tener una visión general de la enfermedad, y la capacidad suficiente para hacer una descripción analógica, lo suficientemente amplia como para permitir que la persona vaya conectando algunos aspectos ocultos u ostensibles de su personalidad, con el cuadro que padece.

En tercer lugar, el terapeuta tiene que tener una noción general, y en lo posible vivenciada, de las características y funciones del órgano o los órganos afectados.

En cuarto lugar, tiene que darse cuenta de que está ayudando a la persona a hacer una exploración sobre ella misma. No hay lugar para juicios previos, no le está permitido querer "demostrarle" nada a la persona. Es la persona quien hará sus propios descubrimientos y decisiones.

Este último punto es tal vez el más difícil de cumplir. Requiere que los terapeutas o ayudadores cambien sus propios condicionamientos, que saquen de sí ese hábito del pensamiento causal que los hace esperar determinadas respuestas; que si no se dan, las fuerzan.

Hay terapeutas que después de ver dos o tres casos de cáncer generalizan, y quieren que la persona rápidamente encuentre la clave. ¿Cuál clave? La enfermedad puede tener una connotación general... ¿y qué hizo que se instalara en ese órgano y no en otro? ¿Volveremos al callejón sin salida de la llamada medicina psicosomática? Es aquí donde el paciente tiene la clave.

En el caso tratado por Alicia, pese a tratarse de un hombre grande, la respuesta de su ganglio afectado y las células que se instalaron en él revelaban la reacción de un adolescente competitivo y rebelde, en guerra con el mundo. Y desde esta perspectiva, puede ser tentador suponer que este tipo de cáncer, tan frecuente en las personas jóvenes, tuviera que ver con esta actitud, propia de la adolescencia y la falta de verdaderas frustraciones y límites. Podemos pensar esto o lo que queramos, siempre que estemos conscientes de que son ideas, *posibles teorías que deben dejarse entre paréntesis mientras exploramos la realidad.* No sabemos si nuestros propios pensamientos pueden cambiar el curso de una exploración y alterar la libertad de la persona para ponerse en contacto consigo misma. Lo que sí nos resulta una obviedad es que mientras más grave es la amenaza, más sincera logra ser la persona consigo misma. Se quita de golpe un velo de autoengaño y muchas veces de autocompasión, que la llevaban a culpar y responsabilizar a otro de sus propios errores.

Lo que ocurre con los síntomas es más simple: claramente, ahí algo insiste en avisarnos que hay un sistemático desequilibrio que mantenemos forzadamente. Como ya vimos, un dolor anginoso puede hacernos revisar todo el profundo y grave desequilibrio de nuestro "glorioso" sistema patriarcal.

Cabeza - Cerebro

Las cefaleas, los dolores de cabeza, nos llevan nuevamente al cerebro, a este gran órgano que actualmente está considerado como glándula (38), por la enorme cantidad de sustancias que produce. El cerebro, con sus neurotransmisores, sus receptores de opiáceos, las endorfinas...

Cuando nos maravillamos de las computadoras y los impactantes adelantos que hemos visto en este campo durante los últimos años, no advertimos que todo es una pálida representación de aspectos parciales de la increíble organización e interrelación que existe entre el cerebro y el resto del cuerpo. Al final del libro incluyo un apéndice sobre este tema.

Resulta difícil rescatar al cerebro de la tremenda exclusión que se hizo de él, al separarlo del cuerpo, y definirlo como asiento o centro de la mente. Así se han llegado a producir insólitos conflictos de poder en este cuerpo humano que somos, que nació con una organización y una capacidad de ser total, no sólo en sí sino en su relación con el mundo y la tierra que lo cobija. El cerebro —desconocido, engrandecido, separado, acusado y alabado— ha ido sintiéndose cada vez más oprimido en la caja que lo contiene, y enloquece a los egos escondidos en los cuerpos con migrañas y atroces cefaleas.

El, que tiene esa famosa barrera hematoencefálica que "mantiene alejados a los intrusos, amigos o enemigos" (46), está pidiendo a gritos que lo integren. Que lo integren sin destruir su barrera —que protege a las neuronas—, y sin necesidad de calificarlo como el más poderoso, sino aceptando su verdadero rol de protector y guía, de comunicador y relacionador.

Cada vez que he ayudado a trabajar una fuerte migraña —o una simple cefalea—, me ha sorprendido la pobreza del discurso de las personas cuando hablan por sus cerebros. Cualquier otro órgano, por pequeño y poco conocido que sea, siempre tiene algo elocuente que decir; la cabeza, en cambio, sólo piensa y duele. Y a veces tengo la sensación de que todas esas voces encerradas, a las que nadie quiso escuchar, son las que se agolpan allí, gritando juntas. Durante las peores migrañas, si permitimos que la persona —que en ese momento del trabajo está instalada en su cabeza— chille fuerte, el dolor cede.

Ocasionalmente he tenido alguna buena oportunidad de hacer el rol de esa cabeza acusada. Y he tenido una profunda emoción cuando la persona que tenía enfrente se dio cuenta de que la cabeza no sólo no era su enemiga, sino la mejor amiga que alguien podía tener. Y que el cerebro es, también, el amigo ideal.

Recuerdo un monólogo haciendo el rol de cabeza, durante el cual me *sentí* cerebro. Mientras me describía, vivenciándome como esos sesos blandos, delicados y complejos, tuve la necesidad de achicarme, de ovillarme y, al mismo tiempo, de que algo muy firme me cubriera. Cuando logré sentir que tenía esa protección, aunque me oprimiera un poco, logré relajarme.

Me di cuenta de que estaba en una perfecta armonía: tenía un lado izquierdo tan grande como el derecho, y una comunicación entre ambos que me fascinaba: era como una gran avenida con tránsito en ambas direcciones, sin demasiado movimiento. Me sentí tan bien que las palabras que salieron de mí —dirigidas a una joven mujer que estaba sentada en el cojín de enfrente— estaban cargadas de una emoción difícilmente repetible. Afortunadamente, alguien registró ese monólogo.

Decía: *"Yo soy protector. Mi misión es representarte, hablar por ti, sentir, avisar, prevenir, curar... Me da tanta pena que quieran dividirnos y nos hagan pelear... Yo soy parte tuya. Reconozco que me aislo, que tengo esa poderosa barrera que ha martirizado tanto a los médicos. Pero esa barrera me protege, nos protege de muchas cosas. Así me hicieron: los vasos sanguíneos van como por un tubo de cemento armado al penetrar en mí. Muy pocas cosas pueden atravesar esa barrera. Desgraciadamente, los pensamientos y las ideas entran fácilmente y a veces todos —hasta tú— creen que soy una absurda computadora, un almacenador de datos, una ordenadora. ¿Ordenadora de qué, de quién?*

Yo no ordeno. Coordino.

Yo no mando. Doy respuestas, accedo a pedidos.

Yo relaciono lo que somos —nuestro pequeño o gran universo— con todos los demás, con el entorno, con los otros que somos en el mundo.

Yo ayudo a respirar el aire mezclado con el de millones de otros iguales".

Recuerdo que en algún momento la mujer que tenía enfrente me tocó muy suavemente y me preguntó algo referido a cuándo había comenzado yo, cerebro, a hacer todo eso que acababa de mencionar. Me quedé un poco sorprendida, y de golpe vino a mi memoria la visión de una foto de un embrión de menos de dos meses, en el que se veía un tremendo cerebro, con ojos como si miraran. Las manitos y los pies se veían totalmente claros y bien formados y aún no se veía el corazón. Entonces contesté: *"Desde que vi que tenía un cuerpo".*

Fuimos cambiando muchas veces de lado con esta paciente. Y ella entendió que si bien era cierto que sin su cerebro funcionando podían hacerla respirar con una máquina, que muchas partes de ella podían funcionar siempre que estuviera en un hospital bien equipado..., en esas condiciones ya no era ella. No podía tomar decisiones acerca de lo más elemental. Supo también que su cabeza —y dentro de ella, su cerebro— estaba al servicio de todo el resto. El pensar era apenas una de las actividades del cerebro; tal vez la menos propia y original, ya que, como se dijo durante el diálogo, de la única cosa de la que el cerebro no sabe defenderse es de las ideas.

La paciente le dijo a su cerebro: *"Yo no puedo hablar por ti. Hay tantas cosas de ti que no sé...".*

Y yo, que estaba en el rol de cerebro, respondí: *"Tampoco yo sé demasiado. Simplemente las cosas salen, cuando nadie las apura. Yo no sabía lo que te iba a decir cuando empezamos a hablar. Surgió cuando tú me tocaste suavemente. Sólo hace falta silencio interno y que no me acuses de nada. Tengo muchas respuestas para muchos estímulos verdaderos".*

Podría extenderme como en un novelón interminable. Cada situación me va llevando a otra, y me surge con frecuencia algo que escribió un psiquiatra chileno que se ha ocupado doctamente del tema.

Dice el doctor Fernando Lolas (29) en uno de sus libros: *"Tanto en el estudio del individuo como en el de la sociedad, lo que ahora precisamos no son más datos recogidos desde una postura, sino mejores datos 'neutrales'. Datos que no se circunscriben sólo a un campo particular de abstracciones, sino que emerjan de una metateoría que los trascienda, y que apelen a otro modo de abordar tanto la obtención de información, como su organización y presentación. Si es cierto que argumentos plausibles pueden provenir de cualquier postura*

*general, las 'útiles ficciones' que los integrarán y validarán
deberían —en calidad de perspectiva— ensanchar y no reducir
la realidad que pretenden explicar o predecir".*

¿Cómo entregar los datos "neutrales" que hemos ido obte-
niendo al cabo de tantos años de trabajo —aunque más no sea
como "útiles ficciones"— sin reducir la realidad que pretenden
explicar?

Mi intuición, que por ser femenina no ha de ser desprecia-
ble, me ha mantenido con porfiada insistencia en este modo
de acercarme al ser humano, y cada vez las posibilidades que
aparecen son más enriquecedoras.

Cada vez siento más respeto por este cuerpo que somos.
Es mi deseo que realmente pudiéramos, en algún momento,
hacer una verdadera campaña a nivel escolar —junto con los
profesores— para aprender el verdadero lenguaje corporal y
con ello librarnos de la enajenación y dependencia sin límites
a que estamos sometidos.

Todo esto que siempre he querido que se incorpore en
las entrevistas psiquiátricas, psicológicas, médicas, pedagó-
gicas —cuando la vorágine de la atención lo permita— es
algo tan elemental, tan obvio y simple, que resulta casi un
despropósito haber tenido que escribir un libro para que sea
comprendido.

Se trata sólo de que la persona hable con su enfermedad o
con su órgano enfermo; que logre tener un diálogo verdadero.
Que tenga el suficiente respeto por aquella parte de sí misma
que de pronto se hace presente, y que trate de entender el mensaje que esta enfermedad o estos síntomas están expresando.

No perdamos la oportunidad de escuchar a una parte de
nosotros mismos que obviamente nos necesita y nos ama. Si se
ha lanzado a un verdadero suicidio —al que quizás nos quiere
arrastrar—, algo hemos de tener que ver con la situación.

En estos encuentros se ve rápidamente lo duro y difícil que
es el diálogo entre partes que se tratan como desconocidos que

desconfían uno del otro. Hemos visto la crueldad y la fiereza que una persona puede tener con una parte de sí porque es "fea" o la limita en algo. También se ve hasta qué punto somos expertos en muchas cosas, al tiempo que cada vez somos más patéticamente ignorantes de nosotros mismos.

Lo que el ser humano llama *ciencia* nos ha dejado suspendidos en el espacio. Excepto aquello que vemos, no nos permite descubrir lo que somos, y nos niega la posibilidad de trascender y ver desde otras dimensiones lo que hay más acá de nosotros, no sólo lo que posiblemente se encuentra más allá.

Cómo podemos ayudarnos y ayudar a los otros a ver lo obvio

Al trabajar muy intensamente con el modelo propuesto fuimos viendo que cada vez se hacía más indispensable tener una guía bien elaborada sobre las características anatómicas y fisiológicas de los órganos o partes del cuerpo que nos tocaba representar, para ayudar y permitirnos corregir los errores y deformaciones en que caían los que nos consultaban.

Esta información es una parte de la preparación necesaria de los terapeutas y facilitadores gestálticos y se completa con el indispensable trabajo de vivenciar cada órgano en relación a la totalidad y al entorno.

Nuestra capacidad de vivenciar nos abre mundos y da a nuestro discurso una calidad que trasciende lo cotidiano, nos acerca al lenguaje poético y facilita en el otro una escucha sin escollos.

El hacer fichas, que nos ayudan a recordar lo que tendríamos que saber, es sólo un medio de que —los que no son médicos— no se asusten cuando tiene que hablar por un órgano y recordarle a la persona como son. En esta enajenación de nuestro cuerpo (26) hemos caído todos, incluso los médicos. Ocurre que cuando se trata de "saber" sobre el cuerpo del otro, los médicos no se asustan, creen saber lo necesario. Sin embargo, cuando no han hecho el ejercicio de vivenciar los órganos su discurso es tan limitante o más que el de la propia persona. Se describen demasiado anatómica y fisiológicamente y ese no es un discurso que llegue fácilmente a nadie.

Es una obviedad que en la medida que nuestro lenguaje cotidiano, se hace más amplio las posibilidades de ser escuchados por la persona aumenta.

Hemos elaborado muchas fichas, corregidas muchas veces por uno de nosotros y hemos personificado varias veces algunos órganos que son traídos con más frecuencia a nuestros grupos, de tal manera que al hablar por él de ninguna manera estamos improvisando, ni imaginando una función o una característica, que puede sonarnos sorprendente.

El diálogo que se produce cuando en uno de los lados tenemos un discurso que no puede ser alterado a voluntad ni adaptado a las exigencias de quien está del otro lado es algo asombroso. Los mayores recursos para decir lo mismo dándole a las palabras una connotación, a veces casi poética, son parte del arte y la intuición del terapeuta o facilitador.

Es por este motivo que quiero compartir otros aspectos o intereses que siempre han estado presentes en mí, dándome una gran seguridad de que este modo de acercarse a la persona que sufre está en la naturaleza misma y es parte de culturas milenarias.

Sería motivo de escribir un libro entero o tal vez un tratado el ver cómo en la Medicina Ayurvédica de la India o en las tradiciones chamánicas, o en la Medicina tradicional China se valoran las enfermedades.

Para las personas que trabajamos predominantemente con un enfoque gestáltico y que nos consideramos gestaltistas, no cabe duda que el modo de entender y trabajar con las polaridades, en la medicina China, es sorprendente.

El amoroso cuidado del cuerpo que somos, sin separar del mundo y del entorno inmediato, ni el más trivial elemento constitutivo, me acercó a tratar de entender cosas elementales de esa Medicina.

Mi primera sorpresa fue saber que para los chinos la Mente no estaba en la cabeza sino en el Corazón.

Quiero compartir con ustedes de un modo muy somero algo de lo que es esta visión de la Medicina China.

El gran temor que me invade cuando quiero compartir con todos aquellos que lean este libro o han seguido mis cursos, algunas coincidencias de antiguas tradiciones, con este simple y elemental modo de acercarnos a las personas que sufren, es que esto se use de una manera inadecuada. Sin embargo no sería verdadero el no mencionarlas, cuando su hallazgo me ha significado tanto. Es como haber corroborado y certificado lo profundo y verdadero de hermosos diálogos que me ha tocado presenciar o compartir (siendo yo un órgano enfermo de alguien) con personas que jamás se acercaron a otro enfoque no fuera el de la Medicina o Psicología llamadas "Científicas".

El breve resumen de características y correspondencias de los Cinco elementos en la Medicina China, que mencionaré a continuación he podido hacerlo gracias a dos amigas mexicanas, Cecilia Lima Pascual, que nos orientó y ayudó en nuestras búsquedas en Beijin y a María Emilia O'Neil psicóloga del Instituto Humanista de Psicología Gestalt, de México.

Correspondencia de los Cinco Elementos

FUEGO - ROJO
HÚO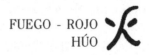

Asociado al Verano, al calor, al sentimiento de alegría, de risa, al habla, energía psíquica o mental, conciencia.

Órganos: Corazón, pericardio, intestino delgado. Termorregulación. Sistema Nervioso simpático y parasimpático.

Instintos: ("La memoria de otras vidas"). Instintos de amor. Instinto diabólico.

Instintos en equilibrio: Paz, tranquilidad. Buen humor. Inspiración divina. Conciencia superior. Raciocinio. Nobleza de opinión. Ideas cósmicas. Mente en armonía universal. Alma espiritual elevada. Seres excepcionales.

Instintos en exceso Yin: Risa sin energía (sin chiste). Asexuales. Falta de motivación. Falta de alegría de vivir. Depresión. Aplanamiento afectivo. Trastornos anímicos.

Instintos en exceso Yang: Verborrea. Charlatanería. Carcajadas sin motivos. Manía. Aventurero. Es el "bufón de las fiestas". Libidinoso. Excesivo (comer, beber, sexo). Eufórico. Sádico. Rubicundo. Tiende a desarrollar conductas adictivas. Se justifica a sí mismo.

AMARILLO - TIERRA
TU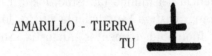

Se asocia con la etapa del Verano Tardío. Es el elemento central, 10 días antes y 10 días después entre cada estación. Se asocia al sentimiento de obcecación, preocupación. Al canto, a la energía física, a las ideas. A la reflexión. Al gusto:

Órganos: Bazo, estómago y páncreas.

Instintos: Sintonía, rebeldía.

Instintos en equilibrio: Alegría. Seguridad. Ideas positivas. Paz interior.

Instintos en exceso Yin: Carencia de ideas. Superficialidad. Mala memoria. Cansancio mental. Apatía.

Instintos en exceso Yang: Obsesión. Exceso de ideas (imaginación desbocada). Irritabilidad. Suspicacia. Preocupación.

METAL - BLANCO
CHING

Corresponde al Otoño. La emoción es la pena, la tristeza, sollozos. Melancolía.

Órganos: Pulmón. Intestino grueso. Sistema respiratorio.

Instintos: De conservación. De destrucción.

Instintos en equilibrio: Alegría espiritual. Seguridad. Buen instinto de conservación. Instintos vitales íntegros. Reflejos inmediatos. Creación materializada.

Instintos en exceso Yin: Tristeza Yin (se aísla, no le cuenta a nadie). Aflicción. Indiferencia. Lágrimas. Habla con sollozos. Desinterés total. Se acurruca al dormir. Resentimiento. Pérdida de conciencia del mundo (autismo, locura).

Instintos en exceso Yang: Tristeza Yang (cuenta a todos lo triste que está). Pena. Inquietud. Lamentos. Angustia. Sollozos sonoros. Dramatiza.

AGUA - NEGRO, AZUL
SHUI

Se asocia con el Invierno. La emoción: el miedo en todas sus gamas. El sentido es el oído. La energía dinámica es la fuerza de voluntad. La ambición.

Órganos: Riñón. Vejiga. Sistema glandular.

Instintos: Instinto divino. Instinto de Muerte.

Instintos en equilibrio: Voluntad. Confianza. Valor. Espíritu de ejecución. Fuerza de carácter. Tenacidad. Prudencia.

Instintos en exceso Yin: Sin voluntad (sujeto veleta). Vulnerables. Influenciables. Inseguros. Se repliega en sí mismo. Introversión (timidez). Misántropo.

Instintos en exceso Yang: Miedo Yang (salir corriendo). Temor.
Depresión profunda. Celos. Enloquecimiento. Paranoia.

MADERA - VERDE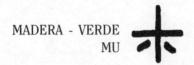
MU

Se asocia con la Primavera. El viento. La vista. Los ojos. La
emoción es la ira, rabia, grito. Principio de reconocimiento del
ciclo empieza con la primavera y la madera.
Órganos: Hígado, vesícula biliar. Músculos. Uñas. Sangre. Sis-
tema nervioso periférico.
Instintos: Instinto de relación. Instinto de rebeldía.
Instintos en equilibrio: Libertad. Paciencia. Templanza. Satisfac-
ción. Entereza. Conciencia abierta. Alma preparada. Consciente
y subconsciente sanos. Soñador realista. Decisión directa. Espíritu de empresa.
Instintos en exceso Yin: Falta de agresividad. Falta de audacia.
Poco carácter. Poca iniciativa. No emprende nada.
Instintos en exceso Yang: colérico. Voz fuerte. Mal humor. Ira.
Gritos. Gran susto repentino. Sobresalto. Agresividad, rabia
extrema. (puede cometer crimen pasional).

CAPÍTULO VI

Las enfermedades

Necesitaríamos a un Michel Foucault para que nos hiciera una Historia de las Enfermedades, y tal vez sólo entonces nos daríamos cuenta de algunos hechos esenciales, como la posible relación entre persona-ambiente-creencia-mundo-equilibrio.

Por ahora, sólo podemos darnos cuenta de que algunas enfermedades han desaparecido, se dice que debido a los avances de la medicina, al mejor o más precoz diagnóstico, a las muy bien hechas campañas preventivas... Es posible que así sea, que la guerra de la medicina contra ciertos flagelos los haya extirpado. ¿Y qué pasa con los nuevos flagelos que aparecen?

Podemos hacer generalizaciones totalitarias. Decir, por ejemplo: cuando el ser humano traspasa los límites de una intimidad comandada por el amor y "usa" el cuerpo de otro y el propio como objeto de un deseo, aparecen enfermedades que hieren al hombre, como especie, en lo más central de su ser.

Primero apareció la sífilis: no sólo podía matar al hombre, sino afectarlo en lo más esencial de su condición de tal, en lo genético, produciendo primero deformaciones y luego alteraciones de su personalidad, hasta llevarlo a tal estado de decadencia y pérdida de los valores éticos, que rápidamente se convirtió en una enfermedad delatora. Tan delatora que debía desaparecer.

Ahora se trata del SIDA, mucho menos ostensible y delator en su inicio, pero orientando con claridad las condiciones necesarias para su propagación. Al parecer, el ser humano no acepta ni comprende pequeños avisos; el SIDA no dejará —como hacía la sífilis— testigos enfermos que puedan prevenir a los que vienen. Esto es "a finish".

Entre estos dos extremos de exterminio y caos, de promiscuidad y descontrol, ha desfilado una inmensa gama de extrañas, misteriosas y a veces románticas enfermedades. Y entre ellas, una que aparecía tan hermosa y serena en las novelas, como aterradora en su silencioso tormento: **la tuberculosis**, una enfermedad que mostró la imposibilidad y destructividad del deseo contenido.

Tuberculosis

La tuberculosis era perfecta en su objetivo: al hombre ardiente y febril le mostraba las limitaciones de su conducta. Le prohibía el contacto y le quitaba el ánimo y las ganas de comer. A tal punto llegó la identificación con la renuncia, que entre las mujeres se puso de moda un maquillaje como el de *La dama de las Camelias*: grandes ojeras, palidez extrema, pómulos hundidos y algunos huesos insinuantes. No hubiera podido transcurrir *La montaña mágica* en un sanatorio para sifilíticos o sidosos.

¿Puede percibir la medicina cuánto influyó en su campaña contra la tuberculosis el hecho de que ésta ya no era una enfermedad *necesaria*? Había ya (gracias a Freud) demasiado permiso para tener deseos. Y si acaso no se hacían ostensibles espontáneamente, ahí estaba —y está— una gigantesca industria mundial dedicada a provocar más y más deseos.

En la etiología de la tuberculosis, ¿nos mencionaron en la Escuela de Medicina algo más que el bacilo de Koch? ¡Por supuesto! Nos dijeron que era necesario un "terreno favorable". Seguramente ésta es una de las pocas enfermedades en la que jamás se olvidaron de que era preciso que hubiera una persona para que la enfermedad se hiciera patente. Lo que jamás se nos dijo es que los deseos —reprimidos o no— tuvieran algo que ver, ni con las personas ni con ninguna enfermedad. En aquel tiempo (¿sólo en aquel tiempo?), las personas eran eso: un "terreno" apto o no apto para que en él se desarrollara alguna enfermedad que anduviera volando.

En ese contexto, no quedaba más que atribuir a la estreptomicina la curación de la tuberculosis. A nadie se le ocurrió pensar qué *sentido* tenía que esta enfermedad se fuera con tanta frecuencia de los pulmones a los testículos o a los ovarios. A veces, ni siquiera pasaba por los pulmones.

Lo notable es que el espectacular descenso de la tasa de mortalidad de la tuberculosis ya había empezado aún antes de que se descubriera el bacilo de Koch. Cuando Koch descubrió este bacilo que lleva su nombre, y probó que era el causante de la enfermedad, la tuberculosis había declinado de un 700 por 10.000 a un 370 por 10.000 (26). Y en 1910, cuando se abrió el primer sanatorio, la tasa había disminuido a 180, y aún ocupaba el segundo lugar en mortalidad. Después de la Segunda Guerra Mundial, aun cuando el uso del antibiótico no era de rutina, ya había descendido la tasa a 48 por 10.000.

Estas disminuciones de la tasa de mortalidad —por ejemplo, en la tuberculosis—, producidas antes de que el uso del antibiótico se generalizara, pueden relacionarse con toda propiedad con el mejoramiento de las condiciones de nutrición y de higiene de las personas. Posiblemente, también con una intensa campaña para evitar los castigos y la represión sexual, que ya en aquella época se empezaron a considerar seriamente como un factor traumático, por lo menos en la aparición de las psiconeurosis.

Si siguiéramos un criterio estrictamente causalista y quisiéramos ser "científicos", estaríamos obligados a estudiar todas las variables posibles, lo que obligaría a revisar de partida el momento histórico, las influencias culturales, políticas, económicas, los cambios climáticos... En suma, todos los factores que están presentes para que una determinada enfermedad empiece a proliferar. Y no sin un justificado pánico tendríamos que preguntarnos: ¿qué enfermedad vendrá ahora a acompañar los terremotos, las aguas contaminadas, los bosques arrasados, la terrorífica visión de millones de seres humanos muriéndose de hambre? Tal vez una extraña mudez y ceguera. No podemos seguir hablando ni mirando, sin hacer algo que se vea y escuche.

No podemos seguir aumentando de modos increíbles una empresa ya gigantesca como la de la salud y de la industria farmacológica que le subyace. Nunca habrá suficientes recursos para ellas, ni aun en los países más ricos y adelantados. El nivel de sofisticación al que ha llegado la medicina moderna puede tragarse toda la producción de un país, sin que por ello mejore el nivel de indefensión y desamparo en que están las personas cuando enferman.

No vamos a mencionar siquiera lo que ocurre con aquellos que enferman de alguna de las afecciones que podemos llamar "denunciantes", y que cada tanto asolan a la humanidad. Resulta una obviedad que el pánico y el deseo de detener estas enfermedades a como dé lugar, hace que se inviertan cuantiosas y desproporcionadas sumas de dinero en las investigaciones, posibles tratamientos y medidas de aislamiento.

Las estadísticas y correlaciones pueden presentarse de tal modo que todo termina ampliamente justificado. Desde que alguna vez se me ocurrió relacionar la tuberculosis con el deseo reprimido, esperaba ver o saber alguna relación estadística entre sida y tuberculosis. Tal vez por eso no me sorprendió encontrar un artículo en el diario "El Mercurio" del día 26 de agosto de 1994, escrito por Gabriel Vergara, en el cual se refiere al recrudecimiento mundial de la tuberculosis.

"A partir de 1985, los casos de tuberculosis aumenta-
ron bruscamente en los países desarrollados, lo que generó
preocupación a nivel internacional. Tanto, que en 1993, la
Organización Mundial de la Salud (OMS) la declaró una emer-
gencia global", dice el citado artículo. Ahora bien, es obvio que
las personas infectadas con el HIV, debido a la baja general
de las defensas, si resultan infectadas con el bacilo de Koch
tendrán una mayor probabilidad de contraer la enfermedad.
Sin embargo, el recrudecimiento de la tuberculosis no es sólo
proporcional al aumento de riesgo en los pacientes con SIDA.
En el mismo artículo se dice, en otro párrafo: *"En 1990, la*
tuberculosis mató a 1,9 millones de personas mayores de 5
años, mientras que por sida murieron 200 mil, y otras tantas
lo hicieron por enfermedades tropicales. Paralelamente, se
gastaron 74 millones de dólares para combatir a estas últimas.
185 millones en el sida, y sólo 16 millones en la tuberculosis.
De no tomarse las medidas adecuadas, el año 2004 morirán 4
millones de personas de una enfermedad que es absolutamente
curable cuando se la diagnostica a tiempo".

Esta última frase queda dando vueltas a mi alrededor. El periodista que escribió el artículo entrevistó a uno de los mejores especialistas de Chile, el doctor Victorino Farga, una persona absolutamente consecuente, seria, y que ha puesto lo mejor de sí mismo en su trabajo y lucha contra un enemigo que traía tanta desolación y tristeza a los hogares donde penetraba. Un médico que ha logrado —contando con menos medios que los que existen en países desarrollados— mantener a la tuberculosis completamente controlada.

El doctor Farga es una persona que escucha. Sé que podríamos dialogar y pensar cómo y qué hacer para no ver a esta enfermedad como a una enemiga, entender el mensaje que trae, y tal vez ocupar toda esa estructura preventiva tan bien organizada para, desde ahí, reeducar a las personas en esta necesidad de ser dueñas del cuerpo que habitan.

Qué distintas han resultado las campañas para el diagnóstico y la prevención de la tuberculosis: era obvio que a los especialistas no les importaba que, junto con disminuir la incidencia de la enfermedad, pudieran disminuir o su importancia o sus honores. Cuando digo distintas, me refiero a lo que ha pasado con el cáncer: **se aterra a la población. Todo es prohibición o exigencias**. Y cada vez se necesitan centros de investigación y tratamiento más grandes, junto con más dinero y más especialistas. **El enemigo se vuelve más poderoso y los seres humanos más víctimas de algo incomprensible.**

No es fácil conseguir presupuesto para enfermedades que no aterran, respecto de las cuales quienes se han ocupado de ellas —tanto como quienes las han padecido— tienen más aceptación que violencia. Saben del dolor y las limitaciones, y realmente quieren evitar sufrimientos innecesarios.

Chile es un país en el que la Salud Pública ha tenido un alto desarrollo; las campañas sanitarias y de prevención han sido bastante bien realizadas. A veces recuerdo cómo se nos instruía —como estudiantes— para una campaña de vacunación, y me imagino una "campaña de recuperación del cuerpo perdido y enajenado". Una campaña para tomar conciencia de la responsabilidad que nos cabe en cómo usamos y tratamos nuestros cuerpos.

En todo esto pienso cuando me encuentro con un artículo como el que mencioné, donde se nombra a médicos para los que sé que la medicina es y ha sido un verdadero apostolado.

Sin embargo, no puedo dejar de pensar que **si el enfermar es considerado un drama, ya no lo puede corregir la medicina: está demasiado involucrada en el proceso.** Los médicos hemos sido los más firmemente indoctrinados en el sistema y nos cuesta más que a nadie pensar que las cosas pueden ocurrir de un modo diferente a aquel que nos enseñaron. No podemos ahora, en una situación de emergencia, enseñar lo que no enseñamos antes.

La medicina está en crisis. *"A pesar de los grandes avances de la Ciencia Médica moderna, asistimos hoy a una crisis profunda de todo lo que respecta al cuidado de la salud en Europa y Norteamérica"* (10).

Lo que no podemos dejar que se pierda —atrapados en una situación sin salida— es que siempre estuvimos abiertos a probar cualquier alternativa o posibilidad que tuviera que ver con la salud de la población, especialmente de aquellos más necesitados. No podemos olvidar que en nuestro país existe un sistema de medicina socializado hace muchas décadas, y aun cuando durante la dictadura el desabastecimiento de los hospitales fue extremo y la situación de los trabajadores de la salud llegó a niveles insostenibles, todavía se mantiene ese sistema que exige un compromiso y abnegación en la tarea que muestra la buena disposición con que los médicos y paramédicos se inician en ella. Disposición que no podrá ser mantenida por mucho tiempo, porque ya no es compensada ni siquiera con la gratitud de los usuarios, que cada día sienten más la humillación y el desamparo al que se ven condenados cuando necesitan ser atendidos en centros hospitalarios.

Ya no hay a quién echarle la culpa. No se trata de un sistema capitalista versus un sistema marxista. Esto se parece más a las guerras entre dioses y semidioses de la mitología.

Entre todos los semidioses del Olimpo, seguramente el cambio tendría que empezar por aquellos que son menos poderosos y están más en contacto con los humanos. Aquellos que están mostrando su inmenso poder, aquellos que podrían llenar un monumental estadio con personas aullando de entusiasmo ante una proeza espectacular como sacarle el corazón que aún puede latir a alguien que está muriendo, y ponérselo a alguien que puede vivir un poco más..., ésos jamás admitirán el fracaso del sistema del cual forman parte. El enfoque médico, absolutista y todopoderoso que manejan se mantendrá. Tal vez se refuerce de tal modo que caiga por su propio peso.

En los últimos años hemos tenido un verdadero aluvión de extraordinarios libros, la mayoría escritos por médicos brillantes que han escuchado el mensaje de sus pacientes y han visto los "milagros" que ocurren más allá de toda prescripción médica (Larry Dossey, Deepak Chopra, Dehelfesen y Dahlke). Invariablemente, estos enfoques son descalificados o no considerados por la "ciencia" tradicional, que sigue en el predicamento —tan antiguo— de privilegiar la explicación frente al resultado.

Mientras tanto, los grandes laboratorios descubren o inventan nuevos fármacos; demuestran una extraordinaria capacidad para ir creando sustancias que "reemplacen" o logren copiar las funciones de todo lo que se produce en nuestro cuerpo. Es como un siniestro juego en el cual de lo que se trata es de ver si podemos ser reemplazados del todo. Las desastrosas experiencias sucedidas en este plano no han conseguido disminuir ni un milímetro el poder de esas enormes empresas supuestamente destinadas a cuidar de nuestra salud.

Un ejemplo: todos los médicos de mi promoción vimos recetar, o recetamos, el Cloranfenicol, medicamento que durante los años 60 era envasado como cloromicetina (26) y producía un tercio de las ganancias de la compañía. Para entonces, ya se sabía desde hacía varios años que las personas que ingerían este medicamento corrían peligro de morir de anemia aplástica, una gravísima enfermedad de la sangre —más precisamente, de la médula ósea. Si se corría este riesgo tan grande, ¿cómo era posible que el uso de esta droga se hiciera tan masivo? La única indicación importante del cloranfenicol era la tifoidea, y no constituía una indicación imprescindible.

"Los médicos, en Estados Unidos, recetaban cloranfenicol a casi cuatro millones de personas por año para

tratar el acné, la garganta irritada, el catarro común,
e incluso naderías como padrastros infectados. Como
la tifoidea es rara en Estados Unidos, no más de una
persona en 400 que tomaban el medicamento, lo nece-
sitaba. A diferencia de la talidomida, que desfigura, el
cloranfenicol mata. Borra del mapa a sus víctimas, y
cientos de ellas murieron sin diagnóstico en los Estados
Unidos" (26)*.

Dado que la exigencia de incluir la indicación de la posible o
efectiva toxicidad de un medicamento no era obligatoria para
los fármacos que se exportaban, los médicos disponíamos tar-
díamente de la información verdadera acerca de los riesgos.
En casos como el del cloranfenicol, esto era grave, ya que en
nuestros países subdesarrollados la tifoidea era una enfermedad
con un índice de morbilidad altísimo, y estábamos obligados a
sospecharla con mucha frecuencia. Por otra parte, se recurría
a cambios de nombre del medicamento; precisamente de este
modo fue como el cloranfenicol fue exportado con el nombre
de cloromicetina.

No cabe ninguna duda de que los médicos no necesitaban
—ni necesitan— una información exhaustiva sobre medicamentos que llegan con un grueso dossier y avalados por un
prestigioso laboratorio. No se les puede pedir tampoco que la
exijan. Y en estos casos, perseguir la responsabilidad tal vez no
es el camino. El error está en la base misma del sistema.

El factor de toxicidad de algunos o muchos medicamentos
es uno de los riesgos a los que el paciente está sometido.
El otro —derivado del hecho de que para cada enfermedad
se encuentra finalmente un remedio— es la dependencia y

---

* Esta información es tomada por Iván Illich del U.S. Senate Select Committee
on Small Business, Subcommittee on Monopoly, Competitive Problem in the
Drug Industry 90th Congress 1st and 2nd Session 1968-62, pt. 2, p. 565.

el no reconocer como propia a la enfermedad, lo cual lleva a declararnos cada vez más ignorantes de lo que ocurre en nuestro interior.

Salir de esa ignorancia no es tan fácil. Un regimiento de Isapres* —cuidadoras de nuestra salud— nos muestra cómo alguien se hace cargo de nosotros, y una poderosa industria —la farmacopea mundial— se encarga de informarnos cuál fármaco tenemos que usar en cada situación.

Se invierten millones en campañas contra el cigarrillo y en defensa del medio ambiente, y se cuenta con ejércitos gratuitos de militantes de estas causas, entre los cuales el fanatismo abunda hasta tal punto que estarían dispuestos a deshacerse de los que no comulgan con sus ideas. El fanatismo no se combate; sólo se buscan buenas causas para que pueda ser ejercido libremente. Si lográramos que las mismas personas que luchan contra el cigarrillo, el colesterol o el consumo de carne se dieran cuenta de que están defendiendo un mundo para ser usado por robots... Defendemos el ambiente, y atacamos cada vez con más brutalidad a los habitantes de este hermoso planeta. No nos detenemos a conocer a nuestros amigos, mucho menos a quienes suponemos nuestros enemigos.

En medio de todo esto aparecen las enfermedades, que nos detienen, nos obligan a recurrir a otro y acordarnos de este cuerpo que somos. ¿No es obvio que por lo menos tendríamos que tener una imagen de ellas, cierta noción que nos llevara a un descripción mínima de esas entelequias con las que nos amenazan, que nos rondan y nos obligan a contraer compromisos económicos "por si aparecen"?

La medicina guarda celosamente la información de qué son las enfermedades. A veces se le explica con lujo de detalles al paciente lo que se le hará o cuál será la operación que se efectuará en cada caso; sin embargo, no existe la capacidad de

---

* Un tipo de empresas que comercializan seguros de salud.

explicar en términos sencillos, con un razonamiento analógico comprensible por cualquiera, en qué consiste una determinada enfermedad.

No se trata de describir los síntomas, no se trata de que la persona se haga experta en una enfermedad porque la padeció; se trata de que al escuchar la descripción pueda ir orientándose en relación consigo misma.

El cáncer

Es tan poderoso este "olvido" de la medicina, que he tenido la sorpresa de ver cómo personas con un elevado conocimiento médico, con amigos médicos y con un nivel intelectual altísimo, no conocían —después de meses de tratamiento— lo esencial del proceso neoplásico.

¿Qué es lo que los médicos no le dicen a los pacientes con cáncer? Por ejemplo, no le dicen lo obvio, tal vez porque ellos mismos no quieren escucharlo. No lo digamos nosotros —para que no se juzgue como simplista nuestro enfoque—; dejemos hablar a los expertos, ésos a quienes sólo leen los médicos porque se ocupan más de los procesos moleculares que de la clínica. Esos que van haciendo los descubrimientos y las pruebas, en busca de una causa cada vez más esquiva.

Volvamos a nuestra pregunta. ¿Cómo tendría que informar el médico al paciente al que le diagnostica un cáncer?:

¿Sabe usted qué es una célula cancerosa?

¿Qué significa que una célula sea maligna?

Dice Raymond Devorest (9):

"Es una célula adulta que se rebela, se aparta de las estrictas reglas fisiológicas que gobiernan el conjunto de células idénticas que constituyen un tejido; se transforma en un defecto único y distinguible dentro de una estructura, por lo demás monótona".

Más adelante, el mismo autor señala:

"Las células cancerosas tienen una gran ventaja se-
lectiva, ya que escapan al destino programado para
la mayoría de las células normales: envejecer y morir.
Para aquellas (las cancerosas), el cuerpo entero es un
medio de cultivo, en el que germinan, muriendo final-
mente con el cuerpo que matan".

Lo interesante es que esta célula nació normal "pero sufrió
un cambio crítico", como dice Robert A. Weinberg (46). Desde
ahí empiezan las preguntas por los factores determinantes del
cambio en la estructura de esa primera célula. En resumen, se
trata de una célula que no aceptó seguir siendo célula, con las
características del órgano al que pertenece. Una célula que se
declaró independiente, especial, que no quiso seguir madurando,
que tiene una capacidad de crecimiento inmensa —como la de
los bebés—, y se multiplica e invade el terreno de las otras
células, que siguen cumpliendo obedientemente con el mandato
genético que las determina a ser lo que son. Las células cancerosas se alimentan de todo el organismo, sin importarles otra
cosa que su propia expansión. Viven mientras son alimentadas.

Weinberg se pregunta: *"¿Por qué las células ignoran los*
límites impuestos al crecimiento normal?". Un interrogante
que en mí desencadena otro: ¿por qué esperamos que las células sean más sabias e inteligentes que el individuo? Porque
obviamente lo son. Cada célula de nuestro cuerpo sabe para
qué está donde está, y cuál es su función. Nació para eso y
está junto con millones que hacen lo mismo. Tienen algo en
común y eso es lo que las une.

Los humanos, por el contrario, sólo luchan por ser la excepción, por ser únicos, diferentes. No les pasa como a quienes
están internados en hospitales psiquiátricos, que aunque están
seguros de ser Napoleón, pueden tomar una escoba y barrer su

habitación. La mayoría de los que están afuera cree de verdad en su excepcionalidad.

¿Por qué guardarnos estas preguntas? **¿Por qué no mostrar a la persona que tiene un cáncer que en ella habitan estas células rebeldes, voraces, egocéntricas, omnipotentes, que no quieren morir y que saben que mientras las alimenten pueden seguir existiendo?** Son tan inmortales como las células genéticas, y se mantienen jóvenes y poderosas.

Que unas pocas células de una persona tengan esas características, no significa en absoluto que toda la persona sea así. ¿Qué impide transmitir esta información?

El impedimento estriba tal vez en el horror de una cultura que cultiva tanto la excepcionalidad, la competencia, el deseo de permanecer joven y el rechazo a madurar, porque madurar se asocia a la vejez, el deterioro y la muerte. **La descripción del proceso neoplásico asusta. Aparece demasiado similar a tantas propagandas en las que se ofrece exactamente lo mismo: ser joven, diferente y derrotar el paso del tiempo.**

Es llamativo que en los centros oncológicos no exista ninguna información o descripción del proceso neoplásico, en términos fácilmente comprensibles para los pacientes que acuden a tratamiento. Por otra parte, sin siquiera explicitar el concepto, algunos oncólogos afirman categóricamente: ésta es una enfermedad genética, lo cual lleva a muchas personas a pensar en algo hereditario, algo que inevitablemente tenía que presentarse.

La Depresión y el Cáncer

Cuando describimos la depresión en términos analógicos, aparece significativamente parecida al cáncer en un punto: **el no reconocimiento de límites.** Desde la depresión, todo aparece sin sentido, desdibujado y carente de valor; esta invasión de desaliento que nada deja en pie, es como una verdadera invasión de células neoplásicas, que no se localiza en ningún órgano y abarca a toda la persona. De allí que las haya llamado **enfermedades de la omnipotencia.**

La no aceptación de límites es esencial en los deprimidos: la enfermedad sobreviene cuando los límites aparecen. Y en nuestra existencia, los límites están genéticamente determinados. Todas nuestras células están programadas; la muerte es inherente a la vida. Las separaciones, las pérdidas, los límites, están ahí sin ninguna posibilidad de ser negados. Sin embargo, nuestra cultura propicia cada vez más la negación de los límites, al exaltar el ser autosuficiente, omnipotente, magnífico en la singularidad y excepcionalidad, sin tolerancia al fracaso ni a la pérdida.

Es así como, cada vez que hacemos un encuentro entre la persona y su supuesto cáncer, aparecen diálogos de tremenda violencia y destructividad (recordemos el encuentro entre Julio y su "celulita", del capítulo anterior). Sucede algo similar cuando alguien que tiene una depresión importante se encuentra con su lado fuerte y todopoderoso: el diálogo suele ser de una agresión y una violencia que no nos permitiríamos ni con nuestro peor enemigo.

Cáncer y depresión son dos de las enfermedades que se han vuelto cada vez más graves y respetables.

Lo que vemos es a la persona en una lucha desesperada contra un enemigo que siente invulnerable. La persona no reconoce nada de sí misma en ese mensajero del que sólo percibe lo siniestro; jamás ha visto en ella misma características semejantes. Las reconoce sólo en otros.

En el cáncer siempre hay un órgano al que se puede acusar; la persona es poseída por algo que muestra su absoluto egocentrismo. Nada es superior a ese algo (la enfermedad), y todo lo que lo rodea aparece idéntico, sin sentido, sin interés. La enfermedad vivirá mientras la alimenten o soporten, atormentando y haciendo sufrir al cuerpo en el que habita, a veces mostrándole todas las miserias y pequeñeces que oculta, y otras obligándolo desde el dolor a no poder ocuparse de nada ni de nadie; sólo de sí mismo.

El cáncer se hace cuidar, admirar y temer; jamás provoca desconfianza o rechazo, ya que no puede ni quiere salir de la persona en la que se aloja. El sufrimiento y el dolor que provoca es tan grande, que inspira profunda compasión.

El cáncer, tanto como la depresión, **detienen todo juicio crítico.** Producen respeto y silencio a su alrededor.

La primera vez en mi vida que sentí y viví hasta qué punto un diagnóstico podía ser usado para silenciar a otro, fue con un cáncer. Recién me había recibido de médico y fui a visitar a mi madre; la encontré muy decaída y triste: hacía varias semanas que se sentía mal y había intentado consultar a su médico, un famoso profesor de clínica médica. Como este profesional no estaba en el país, la atendió el Jefe de Clínica, también renombrado.

Le habían pedido algunos exámenes y estaba citada al hospital para hacer consulta con un hematólogo. El hemograma aparecía con una fórmula normal, pero tenía una Velocidad de Sedimentación bastante alta.

Mi madre estaba convencida de que tenía un cuadro muy grave, seguramente un cáncer. Eso no me sorprendió, ya que es proclive a asustarse y pensar "en lo peor". La acompañé al hospital y la tranquilicé como pude, sin preocuparme demasiado, ya que es una persona que siempre ha sido exagerada en mostrarse decaída cuando quiere que se ocupen de ella.

Cuando ya llevábamos más de una hora esperando a que la atendieran, me armé de valor y golpeé en la sala donde estaba el clínico. Me dijeron que debíamos seguir esperando, ante lo cual repliqué que entonces nos iríamos y lo visitaríamos en su consulta privada. El me gritó, y esta respuesta me quitó de golpe la timidez; fui capaz de decirle, no sin cierta insolencia, que me sorprendía que para interpretar un hemograma necesitara a un hematólogo. Fue entonces cuando este médico se puso de pie y literalmente intentó petrificarme: *"¿No se ha*

dado cuenta de que lo que su madre tiene es un cáncer y queremos saber de dónde?".
Yo me sentí dominada por la rabia. Contesté gritando: *"No, doctor. No me he dado cuenta, pero no permitiré que la siga explorando, porque usted puede hacer que ella lo tenga. Le aseguro que mi madre vivirá más que usted".*
El portazo que di al salir hizo época en aquel hospital. Creo que muchos se alegraron de que alguien hubiera sido capaz de contestar así a aquel profesor; de hecho, el hematólogo vino a hablarme de modo muy afectuoso y me pidió disculpas. Quería revisar a mi madre, pero yo le agradecí y la llevé con otro clínico.

Corolario: aquel famoso profesor —mucho más joven que mi madre— murió prematuramente de un infarto. En cuanto a ella, le hicieron una radiografía dental, y allí se encontró un foco.

Mi madre tenía verdadero horror a enfermar de cáncer, ya que se suponía que su padre había muerto de un tumor cerebral maligno. Mi abuelo había tenido un fuerte dolor de cabeza, algunas molestias que hicieron pensar en cáncer, y antes de que se hiciera los exámenes correspondientes, falleció, completamente lúcido. Todo ocurrió en menos de quince días.

¿Podría haberse iniciado en ella un proceso de esa naturaleza, con lo cual era posible que el clínico tuviera razón? Nadie podría asegurar que no hubiera podido ser así. Sabemos de estos procesos cuando ya se hacen ostensibles. Sin embargo, es posible que en más de una oportunidad alguna célula, o un grupo de ellas, se rebele, y la persona se paralice y detenga tan fuertemente, que las voraces rebeldes también se detienen.

Siempre me ha sorprendido la extrema resistencia al cáncer en los pacientes hipocondriacos —aquellos que viven quejándose de los más variados síntomas, o con mucho temor frente a cualquier molestia física—, en oposición a la violencia y lo imprevisto de la aparición de los procesos neoplásicos en personas bastantes sanas y resistentes.

La omnipotencia, que es una característica de las células cancerosas, también forma parte, con mucha frecuencia, de las **polaridades centrales de la depresión**.

En la depresión no hay un órgano al que se pueda acusar; toda la persona está deprimida. Su relación con el mundo es deprimida, y tal vez por eso, para combatir esta enfermedad, se han buscado drogas que actúen sobre el cerebro, al que por sus funciones hemos catalogado como protector-guía-coordinador y relacionador con el mundo.

En los períodos en que estos pacientes se encuentran sanos, tienen una actitud omnipotente. No aceptan las frustraciones, por pequeñas que sean, y de un modo u otro intentan controlar todo; *todas* las posibilidades dependen de ellos (por lo tanto, cuando algo falla, son ellos los que fallan). La sensación de ser únicos, especiales, cobra una magnitud fuera de lo real. **Viven con una cierta convicción de superioridad desde la cual les es difícil soportar a iguales**; por otro lado, se sienten solitarios y buscan iguales a los que rápidamente pretenden someter.

Sobrepasa con mucho el propósito de este libro la descripción de los modos y características con que me fui encontrando durante las terapias con depresivos, pero hay algo impactante: la inmensa variedad de estilos y de conductas que pueden desplegar. Cuando una determinada actitud deja de ser operativa, rápidamente apelan a otra que les permita manejar la situación. Por ejemplo, **los hombres que en algún momento se liberaron de una grosera conducta machista porque dejó de ser admirada en el entorno, retoman su omnipotencia y la sensación de dominar la situación, a partir de una actitud de desapego y desinterés**.

A veces creo que me dediqué tan especialmente a los pacientes con depresión por el impacto de mi primera "intuición" peligrosa, que llevó a muchos a creer que yo *sabía cosas*.

Estaba cursando el penúltimo año de Humanidades, cuando al final de clases avisaron que no saliéramos, porque la Directora venía a hablar con nosotros. Sin darme cuenta, exclamé: "¡Le pasó algo a Fulano!", refiriéndome a un compañero, muy amigo, que ese día no había ido al colegio. Llegó la Directora y anunció que él había muerto, suicidado. Muchos se acercaron y me preguntaron qué sabía. Yo no sabía nada..., nunca supe nada. Sólo que junto con él y otra compañera formábamos un trío de mucha amistad, que él era el mejor alumno del curso, que los tres habíamos decidido estudiar medicina...

Después de aquel episodio, y ya recibida de médica, pasé años tratando de entender y evitar —si eso era posible— que las personas tomaran una resolución tan trágica. Y si ésa era su voluntad, que asumieran con conciencia el acto que cometían. Fue así como capté el nivel de omnipotencia y egocentrismo que los embargaba, y cómo detenía la acción la claridad de conciencia y el asumir las reales motivaciones.

Con el advenimiento de la gestalt hice diálogos como el mencionado en el capítulo IV, entre el *deprimido-débil-humilde* (en otras palabras, el que no soporta más, el que quiere morirse y adopta cualquiera de esas actitudes) y el *omnipotente-fuerte-superior-exitoso*. Del grado de desprecio de este último aspecto frente al primero, pueden dar cuenta quienes han participado de los grupos: en el lado omnipotente hemos visto sentado a Dios. Los niveles de engrandecimiento y exigencias a que se someten los humanos son ilimitados.

Curiosamente, antes había más incidencia de depresión en las mujeres. Esto ha variado. Podría pensarse que el antiguo concepto de nuestras abuelas, de que el éxito del matrimonio y de los hijos depende de la mujer, o de que una mujer inteligente no puede fracasar, aumentaba la omnipotencia femenina, y con ello la consiguiente frustración y aquellas depresiones que muchos recuerdan: madres y abuelas sentadas como vegetales, a lo sumo tejiendo y con la mirada perdida.

Es desde la depresión que tenemos que aprender a conectarnos con nuestros límites y admitir que no somos únicos ni inmortales. Hemos de aceptar que muchas de las situaciones que nos tocan vivir son en parte determinadas por otros, y que a nosotros sólo nos cabe darles un sentido.

No todas las posibilidades dependen de mí. Si algo no resulta, tengo la oportunidad de admitir el límite.

Reacción alérgica

Esta es la tarea que tendríamos que desarrollar con todas las enfermedades: hacer descripciones analógicas, comparaciones, cuentos, de tal modo que pudiéramos entender en grandes grupos el sentido, el significado, el qué y el cómo de lo que está ocurriendo dentro de nosotros. Por ejemplo, cuando tenemos una reacción alérgica, ¿qué pasa que nuestro sistema inmunológico tan bien diseñado se engaña y reacciona frente a cosas insignificantes, como si se tratara de algo de vida o muerte? ¿Cómo es que se pone a defendernos de algo que no ofrece peligro, tal si fuéramos unos pobrecitos desamparados y él un tremendo protector? ¿Será que nosotros ayudamos a engañarlo porque dejamos entrar esas partículas de polvo, o de polen —o de lo que sea—, muertos de susto como si fueran invasores extraterrestres? ¿De qué forma estamos peleando con nosotros mismos para que células nacidas con la función de defendernos de invasores terminen defendiéndonos de nosotros mismos?

Sería necesario hacer una lista que incluyera todas las enfermedades, descriptas de un modo comprensible, más analógico que exacto o "científico". En su libro *La enfermedad como camino* (11), los autores apuntan en esta dirección. Desgraciadamente son muy concluyentes y definen las enfermedades y los órganos con significados y simbolismos fijos, lo que para nuestro enfoque tiene el efecto de alejarnos del mensaje personal. Pensamos que es el encuentro y el diálogo entre la persona y el órgano o la enfermedad lo que conecta con el mensaje.

Lo general de las enfermedades, así como lo general de la estructura de los órganos, es lo que permite que el diálogo no se convierta en una interminable secuencia de asociaciones de ideas, como lo son habitualmente las psicoterapias, durante las cuales lo único que hacemos es hipertrofiar una de las funciones de nuestro cerebro.

A pesar de sus generalizaciones —que no suscribo—, el libro de Dethelfsen y Dalhke es muy valioso y entiendo perfectamente que se hayan permitido agrupar las enfermedades y los órganos del modo en que lo han hecho: permanentemente, en este trabajo hemos encontrado las relaciones que ellos establecen.

Me asusta la tendencia cada vez mayor a la evasión y al poco esfuerzo de las personas por conocerse, la negación y la terrible confusión entre saber y vivenciar. Tal vez algo, o mucho, de todo esto me perturba y no me permite dar elementos para que puedan quedarse muy tranquilos con explicaciones.

Dice Thomas Moore (36):

> *"En estos últimos años, se han oído opiniones en contra de una visión metafórica de la enfermedad, porque se quiere evitar que 'culpemos' a los pacientes de sus problemas físicos. Si el cáncer se relaciona con el modo de vida de una persona, aducen, haremos responsable al individuo de una enfermedad sobre la que no tiene control alguno".*

Esto llevaría a suponer que hay enfermedades sobre las que una persona tendría control. Y la verdad es que si entendemos ese control como algo que puede manejar la propia persona, no tenemos "control" ni siquiera sobre el más simple resfriado. Sí existe un control organísmico fantástico y bien organizado, al que nosotros perturbamos con ideas.

Dice también Moore:

"La culpa es un sustituto defensivo de un sincero examen de la vida, que procura encontrar orientación en nuestros propios errores. Y fundamentalmente, es una manera de impedir que tomemos conciencia del error. Sardello nos recomienda que si el corazón nos está atacando, o si el cáncer nos inunda de fantasías de muerte, debemos escuchar estos síntomas y reencauzar nuestra vida en consecuencia. En vez de culpar, podríamos responder. Escuchar los mensajes del cuerpo no es lo mismo que culpar al paciente".

Nosotros nos hemos dado el permiso para describir cada síntoma o enfermedad de la que alguien se queja, de un modo analógico, y cada vez el mensaje sale de la propia persona y su encuentro verdadero entre un "acusado" (el órgano o la enfermedad) y el "acusador" (la persona misma).

La capacidad que tenemos los humanos para soportar la verdad es increíble. Por momentos, me parece muy superior a la capacidad para contener mentiras. **En la confrontación, es frecuente que el primer impacto con una realidad diferente —que siempre ha estado presente— sea fuerte y parezca difícil de "soportar". Rápidamente nos damos cuenta de que no hay nada que "soportar": esa realidad, verdad, evidencia o como queramos llamarla, tenía un espacio propio, que estaba ocupado por algo mucho más pesado, una mentira, deformación o equívoco que no armonizaba y costaba sostener.**

El descubrimiento de verdades, verdades que la enfermedad muestra de un modo innegable, nos obliga a dirigir la mirada hacia lo que somos. En un principio es como si nos quedáramos sin tarro de la basura: ya no está el otro al que podemos atribuir lo que no nos gusta, lo que no queremos. Parecería, entonces, que si nos privan de ese tarro de la basura, todo se nos volverá en contra (de ahí que algunos hablen de culpas). Luego percibimos que ese "todo" al que tememos, del que queremos librarnos y con el cual nos peleamos, es una parte esencial de nosotros mismos, sin la cual somos menos, no más.

Recuerdo el caso de Elena, citado en el capítulo IV: ella no tiene un lado izquierdo tan grande, poderoso y autosuficiente como creía, pero tiene los dos lados. Tiene una armonía mayor; es una persona entera.

El cuidado de la salud no puede eludir estos temas ni esta tarea. *"Al aceptar que estamos heridos —dice Moore—, negociamos con la vida de otra manera que si nuestra única preocupación es vencer la herida. Cuando respondemos a la misteriosa aparición de una enfermedad, vivimos con responsabilidad hacia nuestro destino".*

Capítulo VII

El salto cuántico hacia otra realidad

"Yo soy parte del sol, como mis ojos son parte de mí. Mis pies saben perfectamente que soy parte de la tierra, y mi sangre es parte del mar. No hay ninguna parte de mí que exista por su cuenta, excepto, quizás, mi mente, pero en realidad mi mente no es más que un fulgor del sol sobre la superficie de las aguas".

D. H. Lawrence

Si miramos el universo que nos rodea con la comprensión que nos enseñaron a desarrollar desde nuestros primeros pasos en este mundo, no tenemos otra alternativa que asombrarnos y admirar el genio de Isaac Newton, que 300 años atrás descubrió leyes e inventó teorías tan hermosas y fáciles de comprender. Leyes y teorías que permitían y permiten hacer exactas predicciones y le dieron al ser humano una prodigiosa sensación de poder.

Es así como se facilitaron las enormes construcciones necesarias para que otros físicos pudieran probar sus propias teorías acerca de cómo interrogar al mundo y sus fenómenos. Esto hermana, unifica y relaciona el mundo en que los físicos hacen su búsqueda.

Por el contrario, si nos conectamos con la naturaleza, con nuestros sueños, con los volcanes en erupción, con los órganos vivos de personas que están muertas, tal vez nos sea más fácil acercarnos al revolucionario cambio de visión que han significado los aportes de la física moderna.

No era broma: en algún momento los físicos comenzaron a publicar cosas que sólo se podían entender o aceptar poéticamente. Estaban tan locos como los poetas. Sin embargo, para leer a los poetas no necesitábamos pelearnos con nadie, a lo sumo con nuestra propia emoción desbordada.

Siempre supimos que los poetas veían y sentían la realidad de un modo diferente. Sin embargo, la física era una "ciencia" que nos tenía que ayudar a comprender el mundo. No era fácil —aún hoy no lo es— aceptar explicaciones que van en contra del sentido común, de lo que creemos vivir cotidianamente. Tendríamos que volver a ese pensamiento mágico que hizo que exterminaran, por primitivos, a nuestros indios de América.

Física moderna: si da lo mismo que sean ondas que corpúsculos, ¿dónde están los corpúsculos cuando sólo se ven las ondas? Los corpúsculos no tienen masa, ¿no son un objeto? Qué son, qué eran. ¿Cómo algo puede ser si no tiene una masa aunque sea ínfima, invisible?

¿Y los átomos? ¿No eran la menor unidad de la materia? No, ¡en absoluto! ¿Qué son, entonces? ¿Energía, posibilidades?

¿Y cómo se saben estas cosas? ¿Cómo hablan de protones, neutrones, megatrones? ¿Cómo hablan de tal infinidad de partículas que no son visibles, a las que manipulan y producen efectos predecibles?

Al hacerme estas preguntas supe de las tremendas construcciones que son los "aceleradores de partículas". Me enteré cómo estas enormes máquinas lograban "descubrir" las partículas por los rastros dejados. Y me abismaba la capacidad de creer de los físicos. La fe que demostraron tener en sus teorías para conseguir ser escuchados, desplegar los enormes desarrollos matemáticos que sus teorías requerían, y construir esas máquinas capaces de mostrar que ellos hablaban de algo existente, o por lo menos, posible.

También se me reveló de golpe algo que siempre había existido como incógnita paralizante: hasta qué punto fueron llevados a la locura de la experimentación atómica, y cómo, en el plano de la filosofía, quienes estaban en el centro mismo del ciclón desembocaron ciegamente en un punto sin retorno.

Fueron científicos quienes hicieron la bomba atómica.

Fue un filósofo —Heidegger— quien se sacudió de todo el pensamiento cartesiano y, al estilo zen, descubrió el modo de mirar el mundo con mente de principiante, el camino para hacerse experto, maestro, iluminado (12). Creyó encontrar "al" iluminado —Hitler—, y junto con los otros oscureció la faz del mundo.

Este fue el siniestro oscurantismo que hizo enmudecer, para mí, a los portadores de las nuevas verdades. Aterrados por el ruido de su inicio, ya llevamos demasiado tiempo sin incorporar esos descubrimientos, que constituyen otro modo de ver el mundo. Los portadores de esa visión vuelven ahora su mirada y su oído hacia Oriente. Descubren que ahí estaban, desde siempre, las verdades que tan dolorosamente ellos descubrieron y probaron.

Una generación entera se sume en la perplejidad. Y lentamente, los hijos de aquellos padres que manejaron la Ciencia y la Magia con una destreza inigualable, aceptan y buscan con desesperación, mirando hacia Oriente. Buscan mensajes que los conecten con su posibilidad de sentir, con su lado yin, tan vapuleado y amenazado desde que se inició la separación y división del ser humano. Siguen buscando gurús, embargados por el más desolador de los escepticismos e impulsados por el temor de poner su fe en algún occidental que termine siendo incapaz de separar el deseo de *ser* del deseo de *poder*.

Quienes leíamos a Kierkegaard, a Camus y a Sartre, quienes ya estábamos empeñados dolorosa y dificultosamente en orientar nuestra vida tratando de ser fenomenólogos, no podíamos desarrollar una ciencia del hombre que se basara en leyes o supuestos mecanicistas. Tampoco nos era fácil seguir excursionando tras la búsqueda de un método que permitiera acercarse al ser humano saltando por arriba del divisionismo cartesiano. Después de tantos horrores negados, ya sabíamos que desde aquel divisionismo el riesgo era inmenso: la mezcla de delirio de grandeza y de poder podía transformar a un ser humano en un monstruo temible.

Después de la primera bomba atómica, tuve la sensación de que todo el mundo enmudeció por bastante tiempo. Por lo menos, el mundo que a mí me rodeaba, que no estaba en el escenario mismo de la guerra, sin hijos que estuvieran en constante peligro, ni ataques nocturnos. En ese mundo, aun cuando se deseara fervientemente el final de la guerra, nos horrorizaba que se hubiera probado en humanos un arma como la bomba atómica.

Yo no tuve el valor de preguntarle a mis padres cómo se entendía eso. Ellos se habían esforzado mucho en explicarnos la atrocidad de la persecución de los judíos, desencadenada por Hitler. Nos habían mostrado claramente cómo un loco podía aprovecharse de un pueblo orgulloso, que aún no aceptaba la derrota.

Las explicaciones no eran fáciles: nuestro abuelo alemán vivía, y era bondadoso, querible. De alguna manera entendimos: todos los alemanes no estaban de acuerdo con la monstruosidad. ¡Qué horror que esté loco el que manda en un país y tiene tanto poder! Y luego llegó la bomba atómica. Habíamos visto fotos de un tío junto al presidente Roosevelt y él nos había contado que era un hombre fantástico. ¡Qué alivio! No fue él quien había dado la orden, estaba muerto. Y vimos noticiarios y fotos atroces. No toda la gente moría; muchos quedaban quemados, mutilados...

Era un privilegio vivir en nuestro país, tener una familia que te amparaba y que no te daba respuestas fáciles ni de cliché frente a las preguntas que nos ahogaban.

Yo aprendí el sistema de sumirme en el drama individual para salir del colectivo: leía a Dostoiewski. Luego encontré a Kierkegaard y ese método que él nos enseña sin decirlo abiertamente: sumirnos en la angustia y en la posibilidad, creyendo más allá de todo lo posible.

Con aquellas perspectivas, silencios y explicaciones, no resultaba sencillo creer en la vida y aceptar que teníamos que tomar la responsabilidad de nuestra propia existencia.

Aun después de completar mi Análisis Didáctico, seguía sin encontrar un camino que me permitiera sentir en tierra firme. Con mis pacientes tenía hermosos encuentros, que muchas veces podían definirse como exitosísimas terapias. Sin embargo, yo veía una falla radical: no podía mostrar el qué y el cómo del proceso que había ocurrido. Un enfoque demasiado individualista en el que, al parecer, todo consistía en que la persona lograra ver su propia vida frente a un testigo confiable, capaz de dificultarle trucos y autoengaños. Yo dejaba a un lado la interpretación, por considerarla invasora del otro. Sin embargo, le permitía al paciente las interpretaciones que hacía de sí mismo, y que eran tanto o más dañinas que las que podían provenir de un terapeuta.

En esas condiciones apareció la gestalt, y vino a sacarme de la parálisis teórica. Tuve la posibilidad de hacer algo con las personas que me consultaban, con mis pacientes del Policlínico.

La gestalt me dio el permiso que necesitaba para poder delimitar mi propia responsabilidad, y me mostró con claridad los límites de mi actuar posible. Supe que la decisión final y definitiva es siempre del que consulta (40). Por sobre todo, me abrió las puertas a la posibilidad de sentir admiración por aquellos que, como los poetas, eran capaces de dejar volar su imaginación, basados en su experiencia. Médicos y pensadores con los que ahora me reencuentro, casi sin acordarme de haberlos leído, y cuyo pensamiento en común obviamente ha quedado en mí.

Groddeck, por ejemplo, cuando afirma:

"Todas las enfermedades son un medio de cura, aunque para el más profano de los mortales sea algo absurdo. En mi opinión, Freud tiene la misma convicción, pero sin duda le falta el valor, por mucho que tenga, para decir esto último, y no sé si yo mismo lo tengo. Esto provocará tal alboroto, que correremos el riesgo de ser encerrados en un manicomio sin suficientes pruebas, y en lo referente a la ciencia, uno no puede proporcionarlas, porque ésta es siempre más sutil que nosotros. Pero supongo que Freud, a juzgar por lo que escribe y por las referencias que nos proporciona, comparte mi opinión". (19).

El mismo autor sostiene:

"Las enfermedades tienen una finalidad. Cuando se reflexiona sobre esto, se descubre que el ser humano crea sus enfermedades, no de un modo arbitrario, sino bajo el efecto de una compulsión interna".

De esta manera me doy cuenta que siempre, muy cerca de los genios newtonianos, había algún solitario explorador que, sin saber de la existencia del paradigma holográfico de David Bohm, se saltaba olímpicamente el estricto, bien definido y matemáticamente avalado divisionismo cartesiano.

En la actualidad, cuando contamos con tantos elementos que nos permiten asomarnos a una realidad diferente, ¿será nuestro "cerebro reptil" el que nos impide hacer un camino diferente de aquel para el que fuimos condicionados?

Cuando leí la frase de David Bohm *"¡En cada parte del Universo se contiene toda la información presente en todo el cosmos!"*, no tenía idea de quién era su autor. Captaba de un modo intuitivo que me estaba acercando justamente a aquellos cuyo lenguaje penetraba fácilmente en mí, aunque no lo comprendiera en su totalidad. Retenía frases como la citada, sin el menor esfuerzo y sin sorpresa alguna.

Lo mismo me había pasado cuando empecé en psiquiatría y leí *Sendas perdidas*, de Heidegger (22). Encontré allí un artículo sobre el origen de la obra de arte cuyo lenguaje me pareció tan hermoso, y era tan obvio lo que decía, que quise saber más sobre este filósofo y tuve que pedir ayuda a los expertos. Así hice con la física; le pedí ayuda a mi amiga, la doctora en química Sarita Liberman, que trabaja en la Comisión Nacional de Energía Atómica en Buenos Aires.

Los comentarios y explicaciones de Sarita Liberman figuran en un apéndice, ya que mi amiga Norma Osnajanski dice que ese material "se sale" de mi estilo, si es que puede llamársele estilo a un dejar fluir el pensamiento, la pluma, los dedos, en la computadora y la emoción. Estoy acostumbrada a que si no se entiende algo que digo, quienes me escuchan harán un esfuerzo y siempre el mensaje llegará. Y muchas veces volverá a mí enriquecido, porque fue escuchado con amor y el amor mejora y agrega, jamás resta nada. Claro que a veces llega de vuelta otra cosa, algo que se dice que dije en alguna parte y mi pequeña computadora no archivó. O tal vez lo que dije era mentira y ésas no permanecen. O el que escuchó puso lo de él, que tal vez en ese caso no era amor...

Sea como fuere, no hay motivo para preocuparme. Como dice Osho, la preocupación es como una silla mecedora: nos mueve, nos mueve y no nos lleva a ninguna parte.

Las que antes llamábamos *ciencias exactas*, la física, la química, las ciencias experimentales, todo nos está remitiendo a una sabiduría antigua y milenaria, que fue capaz de percibir todos los fenómenos y posibilidades del hombre sin desarmar nada para comprobar sus verdades. ¿Podremos nosotros librarnos algún día de aquella terrible y desquiciadora máxima que dice "ver para creer"?

Esa es la hermosa y definitiva tarea de la física moderna, de la biología y la química: devolvernos la posibilidad de *creer*, que tal vez ellas mismas nos quitaron. Tenemos que ser capaces de cuidar la vida y el mundo con amor.

Es maravilloso ver cómo todos aquellos que trataron de meterse en las entrañas mismas de la vida y la materia, volvieron repitiéndonos las conmovedoras metáforas y verdades de los místicos orientales.

Luego de mis incursiones en la física cuántica, resalta ante mí como una obviedad que la organización del cuerpo humano aparece mucho más acorde con los principios de la física moderna que con los de la física newtoniana.

Todos los autores más leídos por mí en relación con estos temas, describen y citan las mismas experiencias con idéntica admiración. Por ejemplo, Larry Dossey, cuando afirma:

> *"El aspecto más increíble de los hologramas es que cualquier pedazo del mismo, al ser adecuadamente iluminado, ofrece la misma imagen que el holograma entero. La información del todo está contenida en una de sus partes. Este principio, afirma Bohm, es extensible a todo el universo" (10).*

Más adelante, agrega:

> *"Bohm sostiene que el universo está edificado sobre los mismos principios que el holograma. Su teoría se apoya en ideas de la nueva física. La física moderna contempla el mundo como un todo indivisible, no como un conjunto de pequeñas porciones individuales. La*

antigua concepción clásica de las 'mínimas partículas'
consideradas como 'material elemental de construcción'
del universo, ha dejado paso a los conceptos fundamen-
tales de pauta dinámica, proceso e interrelación.
Es verdad que nuestra percepción ordinaria del mundo
es la de un mundo compuesto de partes separadas. A
nuestros ojos, las cosas están desconectadas unas de
otras, sin relación entre sí. Sin embargo, esa percepción
es producto de una ilusión que distorsiona la unidad y
unicidad cualitativamente intrínsecas del mundo, que
se esconde tras sus bambalinas".

Hay pocos libros más brillantes e impregnados de un profundo
conocimiento del quehacer médico y de los extraordinarios
aportes de la física moderna, de las teorías de Bohm, de las
estructuras disipativas de Prigogine y del sorprendente Teorema
de Bell, que el libro de Larry Dossey, un médico clínico, Jefe
de Servicios del Dallas Medical City Hospital y profesor de
psicología en la Universidad de North Texas State.

Obras como ésta tendrían que ser lectura obligatoria para
todos aquellos que trabajan con personas, especialmente en el
área de la salud. Larry Dossey es consciente de que las personas habituadas a tratar con procesos visibles y a manipular
máquinas en las que se "muestran" o se "ven" las alteraciones,
no pueden aceptar fácilmente la importancia de factores no me-
dibles ni cuantificables por medio de los sistemas habituales.

Las concepciones más globalizadoras y totales de las enfermedades se ligan indisolublemente a teorías más integrales de
la naturaleza. *"Aquí llegamos a otro importante concepto de*
San Pablo: que la sociedad humana es un organismo modelado
según la organización del cuerpo humano. En esta visión, la
humanidad conforma un todo orgánico" (18).

En su hermoso libro *La curación cuántica* (7), Deepak
Chopra incluye un sinnúmero de relatos que muestran la com-

plejidad de los mecanismos posibles e imposibles relacionados con la enfermedad. Allí aparece lo que para unos son "curas milagrosas" y para otros "remisiones espontáneas" de cuadros graves. Situaciones que se conocen desde siempre en medicina, y a las que jamás se les encontró una explicación acorde con la lógica tradicional.

Dice Chopra:

"En cualquier punto del cuerpo-mente están unidos dos elementos: un poco de información y un poco de material. La información tiene una esperanza de vida mayor que la materia que va unida a ella. A medida que los átomos de carbono, hidrógeno y nitrógeno bailan alrededor del ADN, como aves migratorias que se detienen un rato antes de seguir su migración, la materia cambia, aunque haya siempre una misma estructura que aguarda los átomos siguientes. En realidad, el ADN jamás se altera más allá de una milésima de milímetro en su estructura precisa, ya que los genomas, los bytes de información del ADN, recuerdan dónde va cada cosa, dónde van esos tres millones de bytes. Este fenómeno nos da a entender que la memoria ha de ser más permanente que la materia. En cuyo caso, ¿en qué consiste una célula? Por así decirlo, se trata de una memoria que ha construido algo de materia a su alrededor, formando un esquema específico, y el cuerpo es sencillamente el hogar de la memoria".

Aunque se ha visto invadida por una verdadera avalancha de descubrimientos —especialmente en el campo de la inmunología y de los neurotransmisores—, a la medicina no le es fácil aceptar estos comentarios, ni siquiera como hipótesis.

Nosotros no podemos ignorar esos grandes descubrimientos que han conectado el mundo de lo que antes llamábamos magia o milagro, con el mundo de la cotidianeidad fáctica en el que nos movemos.

El sistema inmunológico, uno de los más hermosos sistemas defensivos, descriptos cada vez con más detalles de complejidad, es manipulado actualmente por el hombre para una de las más espectaculares demostraciones de posibilidad de intercambio humano con el fin de vencer a una enfermedad. Con los trasplantes, este sistema, encargado de defender a nuestro organismo de cualquier extraño, debe llegar a aceptar y recibir como "salvador" a un órgano ajeno.

Para mí, el sentido más profundo que tiene esta impactante demostración de "progreso" es la categórica y definitiva demostración de igualdad y comunión entre los seres humanos. Para quienes trabajamos con este enfoque, lo importante es que junto con la tremenda posibilidad de "salvar" su vida, las personas sepan que ésta es una medida de emergencia; la real curación de la enfermedad es un proceso que incluye la comprensión y aceptación de la verdadera función y características de ese órgano que, por el motivo que fuera, se ha negado a funcionar.

En alguna parte ha de haber estado presente esta visión de totalidad en los médicos que eligieron dedicarse a hacer trasplantes de órganos. Sólo es de desear que no se haya perdido del todo, y que en la desesperada lucha por evitar que el sistema inmunológico del paciente rechace al órgano trasplantado, no se olviden de pedirle disculpas por tener que enseñarle a que no sea eficiente, que por favor no rechace a este órgano que viene a ayudar a todos a que sigan viviendo, para lo cual el sistema debe dejar de cumplir con las funciones para las que fue creado.

Imagínense cuánto podrá aceptar esto un sistema inmunológico absolutamente poderoso, que cree en el orden, y que sabe cómo deshacerse de todo lo que perturba. Lo sabe, y debe aceptar cómo introducen en ese cuerpo un hígado o un riñón "extremista", que se mantuvo sano porque su antiguo dueño no lo peleó.

Tal vez las cosas no ocurren así, pero ¿quién puede asegurar cómo ocurren?

Me tocó conversar con una chiquita de 14 años a la que le habían hecho un trasplante de riñón de su madre, sin que nadie se preocupara de averiguar cuál era la relación entre esa madre y su hija. La niña estaba "rechazando" fuertemente el riñón trasplantado aunque recibía todas las costosísimas drogas que se han inventado para evitar esto. A nadie se le había ocurrido, ni por juego, hacerla hablar con este riñón, recibirlo, preguntarle qué había significado para él ser sacado de donde nació para venir a trabajar adonde estaba.

En medio de una situación en extremo difícil —luego de encontrarme con la madre en la antesala de un quirófano del hospital—, me hice un momento para ir a visitar a esa niña. Toda la familia —padres y hermanos— estaba con ella y apenas pudimos hablar. Muy a la carrera, le dije: *"El riñón no es toda tu mamá, es una parte de ella que te acepta y quiere estar contigo, por eso aún está ahí. El no quiere nada de ti; por el contrario, tú podrás usarlo".*

¿Por qué y para qué hice aquello? Porque creo en esto y, como me enseñaron de chica, "no hay peor gestión que la que no se hace".

Creo, como dice Thomas Moore, que es en la enfermedad donde podemos reencontrarnos con el cuerpo de un modo poético. *"Cuando nos relacionamos con nuestro cuerpo como portador de alma, nos ocupamos de su belleza, de su poesía y de su expresividad. El hábito mismo de tratar al cuerpo como una máquina cuyos músculos son como poleas y sus órganos son como motores, hace pasar a la clandestinidad su poesía, de modo que nuestra vivencia del cuerpo es la de un instrumento y sólo vemos su poética en la enfermedad"* (36).

Desde que empezamos este camino, en los años 70, he visto cómo la pelea trascendental del ser humano radica en la posibilidad de transformar en enemigo todo aquello que perturba y se interpone entre la persona y sus deseos. Enfrentada a aceptar el desafío, trascenderlo y darle un sentido a aquello que no podemos eludir, empecé a ver de nuevo, a mirar de verdad a mi alrededor y escuchar los mensajes ocultos en las grandes negativas de la vida.

Hay un hermoso cuento sufi, que Osho ha contado así:

Oí una parábola antigua. Y debe ser muy antigua, porque en aquellos días Dios acostumbraba a vivir en la tierra.

Un día, un viejo campesino fue a verlo y le dijo: "Mira, tú debes ser Dios y debes haber creado el mundo, pero hay una cosa que tengo que decirte: no eres un campesino. No conoces ni siquiera el ABC de la agricultura, tienes algo que aprender".

Dios dijo: "¿Cuál es tu consejo?".

El granjero contestó: "Dame un año y déjame que las cosas se hagan como yo creo y veamos qué pasa. La pobreza no existirá más".

Dios aceptó y le concedió al campesino un año. Naturalmente, pidió lo mejor y sólo lo mejor: ni tormentas ni ventarrones, ni peligros para el grano. Todo fue confortable, cómodo, y él era muy feliz. El trigo crecía altísimo. Cuando quería sol, había sol; cuando quería lluvia, había tanta lluvia como hiciera falta. Ese año todo fue perfecto, matemáticamente perfecto.

El trigo crecía tan alto que el campesino fue a ver a Dios y le dijo: "¡Mira! Este año tendremos tanto grano que si la gente no trabaja en diez años, aun así tendremos comida suficiente".

Pero cuando se recogió la cosecha, los granos estaban vacíos. El granjero se sorprendió. Le preguntó a Dios: "¿Qué error hubo? ¿Qué pasó?".

Dios dijo: "Como no hubo desafío, no hubo conflicto ni fricción, como tú evitaste todo lo que era malo, el trigo

se volvió impotente. Un poco de lucha es imprescindi-
ble. Las tormentas, los truenos, los relámpagos, son
necesarios, porque sacuden el alma dentro del trigo".

Esta bella parábola me conecta con lo más esencial de mi
trabajo cotidiano. Con las polaridades, con todo aquello que
detiene el deseo ilimitado y la fantasía de una vida en la que
sólo pudiera caber la alegría.

Las enfermedades nos detienen, nos duelen; si logramos entender el mensaje que nos traen, ellas nos facilitan un verdadero
salto cuántico hacia una realidad insospechada, que nos conecta
de un modo diferente con nosotros mismos y con el mundo.

Apuntes sobre las ideas de David Bohm acerca de la conciencia y la intuición, lo manifiesto y lo no manifiesto

Entender o tener una mínima visión de los aportes de la física y la química modernas, le dio un permiso inmenso a mi parte intuitiva y enamorada de la poesía. Todo me va orientando hacia una realidad que cada día me deja más perpleja y me muestra la terrible irreverencia con la que nos enseñaron a explorar el mundo y la vida. Así, desde mi propia perplejidad, no puedo transmitir lo que apenas comprendo; no sólo he necesitado citar a lo largo del libro a todos aquellos que con más claridad y oportunidad han marcado exactamente lo que para mí es esencial, sino que incluyo estos apuntes preparados por Sara Liberman*, que me fueron tremendamente clarificadores y que tal vez también resulten útiles a todos aquellos que, como yo, necesitan tener una visión general para poder acercarse a los aspectos parciales.

• Cuando David Bohm habla de conciencia, se refiere a pensamientos, deseos, voluntad, toda la vida mental.

---

* Basados en la lectura de *El paradigma holográfico*, editado por Ken Wilber (Kairós), y *La totalidad y el orden implicado*, de David Bohm (Kairós).

La fuente de lo que percibimos del mundo exterior y de nosotros mismos, reside en *lo no manifiesto, que es inmensamente más que lo manifiesto*. La gotita en el océano no tiene forma de acercarse al océano, pero el océano está presente en la gotita y actúa sobre y en la gotita.

- El cerebro puede funcionar sobre algo semejante al *orden implicado* y manifestarse en la conciencia mediante la memoria. La conciencia estaría básicamente en el *orden implicado* —como lo está toda la materia—, que se manifiesta en algún *orden explicado*. La distinción entre materia y conciencia sería estado de sutilidad. La conciencia es una forma sutil de materia y de movimiento, un aspecto más sutil de holomovimiento.

- El pensamiento es un proceso material y *manifiesto*, porque está basado en la memoria. *El pensamiento es la manifestación de cierta mente más profunda*. La relación entre pensamiento y mente más profunda puede ser como la relación entre materia y esa energía mucho mayor que el vacío. En realidad, el pensamiento es, en sí, algo muy pequeño.

- El pensamiento toma la expresión *lo manifiesto* y forma con ella la idea de *lo no manifiesto*. Por eso cree que, juntos, lo manifiesto más lo no manifiesto constituyen un todo, y que todo este pensamiento constituye un paso más allá que el pensamiento. Pero de hecho, esto no es así: porque lo no manifiesto que imagina el pensamiento, es todavía lo manifiesto, por definición. Imaginar es también una forma de pensamiento.

  Es muy fácil caer en el autoengaño. El pensamiento no puede aprehender *lo que es*, cualquier intento de hacerlo, conduce a un autoengaño grave que lo confunde todo.

- El pensamiento tiene su lugar, pero si intenta trascender este lugar, bloquea lo que está más allá.

  La idea de no-pensamiento, la *intuición*, puede penetrar ese estado de cosas y cambiar la materia misma. La materia del propio cerebro.

Se puede suponer que hay una intuición que puede surgir de esa totalidad desconocida. Y esta intuición actúa directamente sobre la materia cerebral, a nivel sutil, no manifiesto. O tal vez manifiesto.

La propia materia cerebral puede cambiar y ser ordenada mediante la intuición. Y el pensamiento mismo cambia, se ha transformado en su ser.

- Lo sutil es lo básico, y lo manifiesto es su resultado.

El viento (lo sutil) mueve a las nubes (lo manifiesto). Lo no manifiesto es lo más sutil; tiene poder para transformar lo bruto.

- Las energías de lo sutil son instrumento de la intuición, que está más allá de esas energías.

La intuición es una inteligencia que trasciende cualquiera de las energías que podrían definirse con el pensamiento. Es una inteligencia activa, en el sentido de que no presta atención al pensamiento: transforma directamente la materia.

- La realidad viene limitada por el mensaje que ya se ha grabado profundamente en las células cerebrales desde la primera infancia. La intuición elimina ese mensaje que origina bloqueos.

Al ser la inteligencia suprema, la intuición es capaz de reorganizar la materia estructural del cerebro, que subyace por debajo del pensamiento; así es como quita el mensaje que origina confusión y deja la información necesaria.

- Esta concepción de la intuición es consecuente con la noción de que hay una verdad, una actualidad, un ser más allá de lo que podemos aprehender con el pensamiento. Y eso es la inteligencia, lo sagrado, lo santo. Es orden.

- El *orden implicado* ayuda a quitar algunas de las barreras lógicas que se interponen para que los seres humanos se relacionen en la esfera de lo manifiesto.

La *ciencia explicada* es atomizada, promueve la división. No hay ninguna justificación para la fragmentación en el mundo material. El verdadero estado material en el mundo material es la totalidad. Y este modo de pensar es compatible con la integridad de la humanidad.

En el orden implicado todo es uno: no hay separación en el espacio ni en el tiempo.

- Estos problemas se manifiestan en la conciencia de la humanidad y de cada individuo, ya que cada individuo representa la conciencia de la humanidad.

Lo que predomina en las relaciones humanas es el caos, y el origen está en el pensamiento fragmentado, atomizado. Produce caos porque es un pensamiento falso; si fuese verdadero, produciría orden.

- El pensamiento es la fuente de desorden. No el contenido, sino la índole del pensamiento.
- Necesitamos introducir orden en el limitado campo del pensamiento, porque allí está la fuente del desorden que impide operar al campo mayor. Y es, en última instancia, la intuición y un estado de alta energía lo que puede introducir orden.
- Alcanzar ese alto estado de energía puede comenzar por no gastarla en estupideces, como reñir.

La energía se ha llamado también pasión. Se necesita claridad y pasión juntos. Mente y corazón, inteligencia y pasión.

- La *idea* es un instrumento activo que aporta cierta parte de realidad, o que incluso contribuye a determinar la realidad.

La realidad humana está formada enteramente por ideas.

La realidad natural trasciende cualquier idea humana.

Hay un límite a lo que puede aportar una idea; el intento de formar una idea que lo maneje todo conduce al caos.

Incluso ideas como el orden implicado y lo no manifiesto tienen sus límites. Producirán cierto contacto con la realidad hasta un límite vagamente definido. Pero no la aprehenden del todo.

- El *holomovimiento* de cada parte es acerca del todo. Por eso no nos da una visión completa del pasado, ni del futuro: lo implica y se refiere a él.
- La raíz de todos los problemas con los que chocamos en lo manifiesto de nuestra vida cotidiana no reside en lo manifiesto, sino en lo no manifiesto.

  Toda la corrupción de lo manifiesto, acumulada durante siglos y siglos, es lo que llamaríamos *dolor de la humanidad*. No está en un individuo: está en la conciencia no manifiesta de la humanidad.
- A través del individuo debe empezar a aclararse la conciencia general.

El individuo tiene acceso a la totalidad cósmica. Todo individuo está en contacto total con el *orden implicado*. Por eso, en cierto sentido, es parte de la humanidad, y en otro sentido puede ir *más allá*.

Lo no manifiesto es mucho mayor que lo manifiesto, pero sigue relacionado con lo manifiesto; los dos se complementan mutuamente.

La compasión, el amor, la inteligencia y la intuición están más allá.

APÉNDICE II

Aprendizaje vivencial de la estructura
y funcionamiento del cerebro

Este trabajo fue preparado por los doctores SALOMÓN TOU-
SON y CARLOS GATTI, a partir de una creación colectiva. El
primero de ellos lo completó y le dio la forma con que aquí
lo incluyo.

Hemos realizado este taller con grupos grandes (20 a 60
personas), en el transcurso de varios seminarios formativos, y
también durante el XXII Congreso de Psicología que se llevó a
cabo en Buenos Aires, en junio de 1989. Siempre, al finalizar
la actividad, comprobamos que los participantes no sólo habían
accedido a lo esencial de cada tema, sino que además habían
podido captar por sí mismos fenómenos tan complejos como
tiempo de conducción, homeostasis y balance organísmico.

Recientemente se han logrado notables progresos en el
conocimiento de la estructura y el funcionamiento del cerebro;
estos avances pueden enriquecer nuestra comprensión del ser
humano y aportar elementos que nos permitan realizar una
mayor prevención y un mejor tratamiento.

Este pequeño órgano, que representa menos del 2% del
peso total del cuerpo, requiere, para su funcionamiento, más

del 16% de toda la sangre que impulsa el corazón, y consume
el 20% de todo el oxígeno que asimila el organismo.

Como todos los tejidos vivos, el cerebro está formado por
células. Entre ellas, las neuronas son las más relevantes desde
el punto de vista funcional. Se trata de células sumamente
especializadas, cuya función básica es recibir estímulos y dar
una respuesta. Para cumplir con esta función, la neurona
cuenta, por un lado, con un cuerpo y un *campo dendrítico* para
recibir los estímulos, y por el otro, con una prolongación con
ramificaciones dotadas de botones terminales, para emitir su
respuesta que, por lo general, está dirigida a otras neuronas.

El número de *botones terminales* en contacto con cualquier
célula nerviosa es enorme (más de 10.000 en algunos casos).
Cada uno de estos botones puede pertenecer a una diferente
neurona de origen, de modo que la cantidad de diferentes
combinaciones de estímulos que recibe una neurona puede
alcanzar cifras astronómicas. Sobre todo si se tiene en cuenta
que los estímulos pueden ser tanto de naturaleza excitatoria
como inhibitoria.

Ahora bien, lo que determina la emisión de la respuesta
de la neurona es el balance que realiza de la totalidad de los
estímulos y de las diferentes combinaciones de éstos. Quisiéramos detenernos en este punto, ya que, como veremos más
adelante, el modelo funcional de la neurona (la respuesta que
resulta del balance de los estímulos recibidos en un momento
dado) se repite no sólo en los centros y cortezas en los que
se agrupan las neuronas, sino también en el cerebro y en el
individuo considerado como una unidad orgánica.

Nos interesa, ahora, que puedan vivenciar el accionar de
una neurona. En el ejercicio que les vamos a proponer, cada
uno de ustedes representará a una neurona en acción.

Acomódense de pie como en una platea, de modo tal que
puedan tocar con la mano derecha el hombro del compañero
que tienen adelante, y con la mano izquierda el hombro del

compañero que tienen a su izquierda. Quedarán formando una red de aspecto más o menos cuadrangular.

Quien está en el extremo anterior izquierdo leerá un cuento*.

Los que están ubicados en la hilera de la derecha, en la última fila, prestarán atención al volumen de la voz de quien está leyendo. Si para escuchar mejor necesitan que se eleve el volumen, palmearán más fuerte a sus compañeros; si desean que el volumen disminuya, sólo tienen que palmear más suavemente.

Los restantes participantes deberán concentrarse exclusivamente en la intensidad de las palmadas que reciben en sus hombros, y a la vez tratarán que sus palmadas resulten un promedio de la intensidad de las palmadas que reciben.

El cuento se refiere a cuatro derviches, cada uno munido de un objeto mágico (un bastón, una capucha, un espejo y un tazón), que deciden unirse para ayudar mejor a la humanidad. Actuando de ese modo, logran salvar a un enfermo. Pero el rey ordena secuestrar a uno de ellos para que cure a la princesa. El derviche no puede hacerlo, por carecer de la ayuda de sus compañeros. Como castigo, su tazón mágico es arrojado al fondo del mar.

Concluida la lectura, tómense unos minutos para escribir unas pocas líneas sobre la experiencia que vivieron.

De acuerdo con los comentarios que escribieron, formen cuatro subgrupos. En cada uno se reunirán los participantes que tuvieron vivencias similares:

° En un grupo se reúnen los que respondieron aludiendo preferentemente a sentimientos o sensaciones.

° Otro grupo reúne a quienes se expresaron en términos preponderantemente valorativos.

---

* Idries Shah, Cuentos de derviches, Buenos Aires, Paidós, 1985.

° En un tercer grupo, aquellos que se centraron particularmente en los aspectos descriptivos de la experiencia.

° Finalmente, un cuarto grupo reúne a quienes elaboraron conceptos, aludieron al origen de la experiencia, hicieron extrapolaciones o generalizaciones.

En este momento, ustedes están representando lo que ocurre en el cerebro durante su desarrollo. En el embrión, las neuronas se van agrupando para formar los núcleos y las cortezas que luego tendrán diferentes funciones.

Discutan en cada subgrupo la experiencia que vivieron siendo una neurona, y elaboren alguna forma de expresar las conclusiones, desarrollando la modalidad propia del subgrupo que están integrando.

Tómense el tiempo necesario para que cada subgrupo haga su presentación ante el resto.

Ahora, permitan que los subgrupos interactúen entre sí.

Observen que si unimos el resultado del trabajo de los cuatro subgrupos, comprobamos que no hay incompatibilidad entre ellos, sino que, por el contrario, logramos una comprensión mucho más rica de la experiencia que estamos compartiendo.

Ahora los invitamos a que cambien de grupo para que puedan explorar otras formas de vivir la misma situación.

Registren los hallazgos que hayan realizado durante este ejercicio.

Así como definimos cuatro modalidades de expresión distintas y complementarias —ya que cada una de ellas refleja un aspecto diferente de la misma experiencia—, en el cerebro podemos delimitar cuatro grandes áreas que cumplen funciones diferentes. Es decir, que ante un mismo evento-estímulo dan respuestas diferentes.

Esta división no sólo responde a la función que cada área desarrolla, sino que concuerda con las distintas etapas que ha seguido el cerebro en su evolución filogenética. De allí que a cada una de estas zonas también se las denomine "cerebros": *cerebro emocional, cerebro valorativo, cerebro discriminativo y cerebro lógico.*

El *cerebro emocional*, también llamado sistema límbico, está integrado principalmente por los núcleos amigdalinos, el hipocampo, el hipotálamo, la corteza orbitaria posterior, el núcleo acumbens, los núcleos talámicos anterior y dorsomediano, etc.

La función de esta área es adecuar el cuerpo a los estímulos que recibe, configurando emociones y conductas instintivas. Su actividad se vivencia principalmente por la participación corporal. En otras palabras, aquellas modificaciones que se operan en nuestro organismo cuando sentimos amor, odio, placer, displacer, estrés, hambre, saciedad, miedo, etc., se relacionan con la actividad del cerebro emocional.

En el cuento, esto podría estar representado por el tazón mágico, ya que está destinado a producir cambios en el cuerpo.

El *cerebro valorativo* o cerebro intermedio, también llamado paralímbico —ya que se lo encuentra rodeando al sistema límbico—, está ubicado en el polo del lóbulo temporal, girus cinguli anterior, corteza orbitaria anterior, putamen ventral y cola del núcleo caudado.

Esta área es asiento de los patrones valorativos de la orientación pática del individuo. Aquí se encuentran los valores preventivos, que apuntan a preservar la vida y los llamados valores sentimentales, relacionados con las esferas ética y estética. Su funcionamiento se vivencia al aceptar o rechazar, al evaluar conveniencia, al determinar lo que nos es afín o indiferente, lo que es peligroso o no, lo que es bello o feo, etc.

Estaría representado por la capucha mágica del cuento, que hace que lo inaceptable pueda ser aceptado.

El *cerebro discriminativo* o corteza lateral abarca principalmente la corteza visual del lóbulo occipital, la corteza auditiva del lóbulo temporal, la corteza somatoestésica del lóbulo parietal, y las áreas asociativas anexas.

Tiene como función captar y reconocer el mundo circundante, a partir de la información que proporcionan los sentidos. Vivenciamos su actividad cuando percibimos y diferenciamos objetos, formas, colores, sonidos, texturas, etc. También, cuando distinguimos los matices de los estímulos que nos llegan, cuando conocemos y reconocemos el mundo en que nos hallamos y tenemos conciencia de la esencia de las cosas.

Sería el espejo mágico del cuento.

El *cerebro lógico* o cerebro prefrontal se encuentra localizado en las áreas 9, 10 y 46 de Brodman, es decir, en el polo del lóbulo frontal. Su función es construir síntesis lógicas, producir explicaciones de los hechos, elaborar conceptos, diseñar pronósticos y estrategias. Aporta las facultades de observarse y aprehenderse, así como la de realizar generalizaciones.

El cerebro lógico se vivencia en el pensar activo, en el establecer relaciones de causa-efecto, en el conceptualizar, idear y darnos cuenta de nosotros mismos. Se manifiesta también en la vivencia de que somos una unidad a través del tiempo.

En el cuento, estaría representado por el bastón mágico con el que es posible viajar instantáneamente a través del tiempo y el espacio.

Estas cuatro áreas cerebrales, con las vivencias que las acompañan y con su manifestación conductual, configuran —en la respuesta de la persona— cuatro esferas vitales que se integran al cúmulo de estímulos que se reciben en un momento dado. En este sentido, recordemos cómo, gracias a la acción coordinada de los cuatro tesoros, los derviches lograron que el hombre "sanara y se sintiera como nunca en su vida".

Es evidente que el grado de participación de cada una de las esferas vitales será muy diferente en las distintas circunstancias. Pero privilegiar o condenar a priori a cualquiera de ellas es tan absurdo como pensar que el corazón es más importante que el hígado, o que el páncreas es superior al riñón, y viceversa.

Llegamos así a la definición de salud, que al decir de Fritz Perls, *"es un equilibrio en el cual el hombre, como un organismo unificado, se manifiesta por la regulación natural de todo lo que es"*. *"En contraste con todo esto —continúa Perls— está la patología de la automanipulación y el control del ambiente, que interfieren con este sutil autocontrol organísmico"*.

En el cuento, esto último aparece dramatizado en la actitud del rey, que fracasa al ordenar arbitrariamente al derviche del tazón que cure a la princesa.

Sabemos que el organismo no crea funciones. En la enfermedad, solamente asistimos al incremento o a la disminución de funciones que son normales. Así, de acuerdo con el predominio de algunas áreas o el deterioro de otras, surgirán las múltiples formas y matices de la patología que encontramos en la clínica.

Por ejemplo, el predominio de la esfera valorativa se nos presentará como un cuadro preferentemente obsesivo cuando se asocia con un desarrollo de la esfera discriminativa, o como una fobia cuando se combina con el área emotiva. En las depresiones, comprobaremos un repliegue de la esfera discriminativa.

Con estos ejemplos sólo deseamos abrir un camino por el cual sea posible vislumbrar, por un lado, cómo la rigidez en la estructuración de las respuestas puede conformar un sinnúmero de cuadros patológicos, y por el otro —en contraposición—, el enorme potencial que significa disponer de una infinita gama de respuestas que se estructuran naturalmente para transitar plenamente por cada uno de nuestros momentos existenciales.

Entendemos a la terapia como un proceso que nos permita restablecer el equilibrio perdido. *"Todo lo perdido por la persona puede recobrarse —dice Perls— y el modo de lograr esta recuperación es entendiendo, jugando y llegando a ser estas partes enajenadas"*. Es decir, recuperando aquellas esferas vitales que, como el tazón, fueron ahogadas en la profundidad de nuestra personalidad. El proceso deberá, además, llevarnos de la automanipulación a la autorregulación organísmica. Lo cual significa que finalmente el organismo es dejado en libertad para cuidarse a sí mismo, permitiendo que la naturaleza se haga cargo por sí sola.

En el cuento, los derviches deciden trabajar en secreto, de manera que cuanto hicieran pareciera haber sido hecho en una forma fácilmente explicable.

Listado de centros donde obtener información respecto a este trabajo

CHILE
Anchimalén
Centro de Salud y Desarrollo (Dra. Adriana Schnake S.)
Casilla 346, Ancud, Chiloé
Tel: (56-9) 9886 6735 – 7877 0269
centroanchimalen@yahoo.com
www.anchimalen.cl

Santiago
Centro de Psicoterapia Gestalt de Santiago (Dra. Adriana Schnake S.)
Concha y Toro 53, Santiago Centro
Tel: (56-2) 2475 4699
psicoterapia@gestalt.cl
www.gestalt.cl

ARGENTINA
Buenos Aires
Asociación Gestáltica de Buenos Aires (AGBA)
Delgado 1253 – C1426BDS – C.A.B.A.
Tel: (54-11) 4551-8056
agba@fibertel.com.ar
www.agba.org.ar

Centro Gestáltico San Isidro (CGSI)
Olazábal 3014 y Av. Balbín – (1428) Belgrano – C.A.B.A.
Tel: (54-11) 4781-3752
info@cgsi.com.ar
www.cgsi.com.ar

Luz de Luna, Centro Gestáltico de Estudio y Meditación
11 de septiembre 2850 – C1429BIB – C.A.B.A.
Tel: (54-11) 4787-0374
centro@luzdeluna.org.ar
www.luzdeluna.org.ar

Córdoba
Instituto Gestáltico de Córdoba (IGEC)
General Paz 1496 esq. Bedoya – B° Cofico – Córdoba Capital 5000
Tel: (54-351) 4713824 – 4726063
cbagestalt@cbagestalt.arnetbiz.com.ar
www.igecordoba.com

MÉXICO D.F.
Instituto Humanista de Psicoterapia Gestalt (IHPG)
África 6, Col. La Concepción, Coyoacán
Tel: (52-55) 5554 4797 – 5658 9012 – 5554 4582
coyoacan@gestalthumanista.com
www.gestalthumanista.com

ESPAÑA
Canarias
Escuela Canaria de Psicoterapia Gestalt y Desarrollo Armónico
c/Perdomo, 40 – 35002 Las Palmas de Gran Canaria
Tel: (34-928) 367751 – 634 408 244
escuela@gestaltcanarias.es
www.gestaltcanarias.es

Barcelona
Institut Gestalt (IG)
Verdi, 94, bajos – 08012 Barcelona
Tel: (34-93) 237 2815
ig@institutgestalt.com
www.institutgestalt.com

Bibliografía

1. AMBROSI, JEAN. *L'analyse psycho-energetic, París, Retz, 1979. La Gestalt Therapie Revisitée*, Privat Toulouse, 1984. La Meditation, en prensa.

2. BAMMER, KURT y NEWBERRY, BENJAMIN H. *El stress y el cáncer*, Herder, Barcelona, 1985.

3. BERMAN, MORRIS. *Cuerpo y espíritu*, Cuatro Vientos, Santiago de Chile, 1992.

4. BRAUTIGAM, WALTER. *La psicoterapia en su aspecto antropológico*, Gredos, Madrid, 1964.

5. CAPRA, FRITJOF. *El tao de la física*, Luis Cárcamos, Madrid, 1984. El punto crucial, Ingral, Barcelona, 1985.

6. CHIOZZA, LUIS y GREEN, ANDRE. *Diálogo psicoanalítico sobre psicosomática*, Alianza, Bs. As., 1992.

7. CHOPRA, DEEPAK. *Curación cuántica*, Plaza & Janés, Madrid, 1991. Cómo crear salud, Grijalbo, Bs. As., 1987.

8. CLAVREUL, JEAN. *El orden médico*, Emege, Barcelona, 1983.

9. DEVOREST, RAYMOND. *Tests bacterianos de sustancias potencialmente cancerígenas*, Prensa Científica, Barcelona, 1985.

10. DOSSEY, LARRY. *Tiempo, espacio y medicina*, Kairós, Barcelona, 1986.

11. DETHLEFSEN, THORWALD y DAHLEKE, RUDIGER. *La enfermedad como camino*, Plaza & Janés, Barcelona, 1990. Vida y Destino Humano, EDAF, Madrid, 1984.

12. DREYFUS, HUBERT L. y RABINOW, PAUL. *Michel Foucault: más allá del estructuralismo y la hermenéutica*, UNAM, México, 1988.

13. FREUD, S. - GRODDECK, G. *Correspondencia*, Anagrama, Barcelona, 1983.

14. FOUCAULT, MICHEL. *El nacimiento de la clínica*, Siglo XXI, México, 1966. Las palabras y las cosas, Siglo XXI, México, 1968. Enfermedad mental y personalidad, Paidós, Barcelona, 1988. .

15. GARCIA DE LA HUERTA, MARCOS. *Crítica de la razón tecnológica*, Ed. Universitaria, Santiago, 1985.

16. GINGER, SERGE y ANNE. *La Gestalt, una terapia de contacto*, El Manual Moderno, México, 1993.

17. GOLDBERG, JEFF. *Las endorfinas*, Gedisa, México, 1989.

18. GROF, STANISLAV. *Sabiduría antigua y ciencia moderna*, Cuatro Vientos, Santiago de Chile, 1992. Emergencia Espiritual, Planeta, Bs. As., 1992.

19. GRODDECK, GEORG. *Las primeras 32 conferencias psicoanalíticas para enfermos*, Paidós, Bs. As., 1983.

20. GUIR, JEAN. *Psicosomática y cáncer*, Catálogos, Bs. As., 1984.

21. HARVEY, GUILLERMO. *Estudio anatómico del movimiento del corazón y de la sangre en los animales*, Emecé, Bs. As., 1944.

22. HEIDEGGER, MARTIN. *Ser y tiempo*. Sendas perdidas, Losada, Bs. As.

23. HOFF, H. y RINGEL, E. *Problemas generales de la medicina psicosomática*, Morata, Madrid, 1969.

24. HOUSSEY, BERNARDO. *Tratado de fisiología*, El Ateneo, Bs. As., 1980.

25. HUNEEUS C., FRANCISCO. *Lenguaje, enfermedad y pensamiento*, Cuatro Vientos, Santiago de Chile, 1987. HUNEEUS C., FRANCISCO. Cuatro Vientos I, Editorial Cuatro Vientos, Santiago de Chile, 1986.

26. ILLICH, IVAN. *Némesis Médica*, Planeta, México, 1986.

27. KIERKEGAARD, S. *Temor y temblor*, Losada, Bs. As., 1968.

28. LATNER, JOEL. *Fundamentos de la Gestalt*, Cuatro Vientos, Santiago de Chile, 1994.

29. LOLAS STEPKE, FERNANDO. *Proposiciones para una teoría de la medicina*, Ed. Universitaria, Santiago de Chile, 1992. Psicología Fisiológica, Ed. Universitaria, Santiago de Chile, 1979. Notas al margen, Ed. Universitaria, Santiago de Chile, 1985.

30. LOCKE, STEVE y COLLIGAN, DOUGLAS. *El médico interior*, Sudamericana, Bs. As., 1990.

31. MAC DOUGALL, JOYCE. *Alegato por una cierta anormalidad*, Petrel, Barcelona, 1982.

32. MANNONI, MAUD. *Lo innombrado y lo innombrable*, Nueva Visión, Bs. As., 1992.

33. MATTE BLANCO, IGNACIO. *Lo psíquico y la naturaleza humana*, Ed. Universitaria, Santiago de Chile, 1954.

34. MIGUENS, MARCELA. *La gestalt transpersonal*, Nueva Era, Bs. As., 1993.

35. METZNER, RALPH. *Las grandes metáforas de la tradición sagrada*, Kairós.

36. MOORE, THOMAS. *El cuidado del alma*, Urano, Barcelona, 1993.

37. ONNIS, L. *Revista de psiquiatría y psicología humanista* N° 2, Barcelona.

38. ORNSTEIN, ROBERT y SOBEL, DAVID. *El cerebro que cura*, Granica, Bs. As., 1944.

39. OSHO, RAJNEESH. *Tao, los tres tesoros*.

40. PERLS, FRITZ. *Sueños y existencia*, Cuatro Vientos, Santiago de Chile, 1974. Esto es gestalt, Cuatro Vientos, Santiago de Chile, 1979. Dentro y fuera del tarro de la basura, Cuatro Vientos, Santiago de Chile, 1974.

41. SCHAVELZON, JOSE y otros. *Impacto psicológico del cáncer*, Galerna, Bs. As., 1978.

42. SCHNAKE, ADRIANA. *Sonia, te envío mis cuadernos café*, Estaciones, Bs. As., 1987.

43. SLEMENSON, MARTA. *La concepción del hombre en la psicología de la gestalt y en el pensamiento neo-reichiano*, trabajo leído en las Primeras Jornadas Nacionales sobre corrientes psicológicas, Univ. de Belgrano, 1980.

44. TALBOT, MICHAEL. *Misticismo y física moderna*, Kairós, Barcelona, 1979.

45. WATTS, ALAN. *El camino del tao*, Kairós, Barcelona, 1979.

46. WEINBERG, ROBERT A. *Base molecular del cáncer*, Prensa Científica, Barcelona, 1985.

47. WEINREB, FRIEDRICH. *Salud y enfermedad*, Sigal, Bs. As., 1991.

48. WILBER, KEN. *Cuestiones cuánticas*, Kairós, Barcelona, 1988.

49. ZOHAR, DANAH. *La conciencia cuántica*, Plaza y Janés, Barcelona, España, 1990.

50. ZOHAR, DANAH Y MARSHALL, IAN. *La sociedad cuántica*, Plaza y Janés, Barcelona, España, 1994.

51. ZUKAV, GARY. *La danza de los maestros del Wu-Li*, Plaza & Janés, Barcelona, 1991.

Impreso y encuadernado
en Santiago de Chile por
Dimacofi Negocios Avanzados S.A.
en septiembre de 2015.